1인학원 창업과 운영

어떻게 하는 건데요?

1인학원
창업과 운영
어떻게 하는 건데요?

펴낸날 2021년 10월 22일
2쇄 펴낸 2022년 8월 12일

지은이 김지영
펴낸이 주계수 ︱ **편집책임** 이슬기 ︱ **꾸민이** 김소은

펴낸곳 밥북 ︱ **출판등록** 제 2014-000085 호
주소 서울시 마포구 양화로 59 화승리버스텔 303호
전화 02-6925-0370 ︱ **팩스** 02-6925-0380
홈페이지 www.bobbook.co.kr ︱ **이메일** bobbook@hanmail.net

© 김지영, 2021.
ISBN 979-11-5858-821-2 (03320)

1인학원 창업과 운영

어떻게 하는 건데요?

김지영

이 책 하나면
공부방 창업
준비 끝

5시간 일하고
월 500버는
1인학원
성공 레시피

이미 운영 중인
현직 원장들도
바이블처럼
읽는 책

팬데믹 시대, 1인학원 전성기

2020년, 감염병이 지구를 덮쳤다. 코로나라는 처음 보는 강력한 바이러스에 21세기 현대 의학조차도 맥을 못 추고 있다. 처음에는 '몇 달 이러다 사라지겠지, 언제나 그랬듯 이번에도 백신이 나오겠지, 그래서 코로나 이전의 삶으로 돌아갈 수 있겠지' 생각했으나 아니었다. 2020년 시작과 함께 최초 발병되더니 그 확산세는 걷잡을 수 없이 커졌다. 잡힐 만하면 확산, 잡힐 만하면 또 확산. 이렇게 두세 달을 주기로 반복되더니 2021년 가을에 이르렀다. 전 세계의 경제가 무너졌고 우리나라도 예외는 아니었다. 코로나 직격탄을 맞은 자영업자들은 더 이상 버티지 못하고 속속 폐업해야만 했다.

코로나에 맥을 못 추기는 학원도 마찬가지였다. 학원 버스를 운행할 만큼 원생이 많은 대형 학원들도 사회적 거리 두기가 강화될수록 수업을 중단하는 어려움을 겪어야 했다. 규모가 클수록 팬데믹과 같은 위기에서 차량 운행비, 강사료, 비싼 임대료 등 고정 지출이 크기 때문에 감당하기가 더 버거울 수밖에 없다. 학원이 그러니 그 연쇄 효과로 잘 나가던 학원 강사들도 이제는 온라인 강의로 전향하지 않으면 살아남을 수 없게 되었다. 코로나 휴강이면 당연히 대면 수업을 할 수 없고, 강사 급여를 감당할 수 없는 학원들로서는 인원 감축이 불가피하기 때문이다. 학원 대표도, 강사도 살아남기 위해 발버둥 치고 있다.

이제 코로나 여파를 줄일 수 있는 일은 온라인 기반의 쇼핑몰이나 비대면 서비스 사업밖에는 없는 듯 보인다. 그렇다면 교육업은 어떨까? 아이들을 가르치는 일을 한다면 살아남기 위해 과연 무엇을 어떻게 해야 할까? 어떤 교육업종이 비교적 안정적으로 운영이 될까? 온라인 수업? 이는 임시방편일 뿐 교육 효과에도 한계가 있어 지속할 수 없다. 따라서 우리는 팬데믹 시대에도 살아남을 수 있는 교육업종을 모색해야만 한다.

나는 문제 해결의 핵심을 교육사업체의 규모에서 찾았다. 열 평 남짓한 작은 공부방이라면 사회적 거리 두기 가운데서도 정상 운영이 가능하다. 공부방이나 교습소는 시간당 9명이 정원이다. 이 때문에, 거리 두기 최고 단계인 4단계 하에서도 특별한 영업 제한 없이 정상적으로 수업이 가능하다. 시간당 10명 이상의 인원이 몰리지 않도록 컨트롤하면 되기 때문이다.

코로나 시대에 창업해도 되나요? 라고 물으신다면, 이렇게 답변 드리고 싶다. 성장 속도가 느리거나 잠시 주춤할 수는 있지만 그래도 여전히 성공 사업의 기회는 열려 있다고.

나는 감히 자신한다. 교육열이 뜨거운 우리나라에서 절대로 지지 않을 사업은 바로, 교육사업이라고. 특히나 영어, 수학과 같은 주요 과목은 언제 보아도 블루오션이다. 영어가 필수인 글로벌 시대에 영어교육이 필요하지 않은 사람은 없다고 해도 과언이 아니다. 상황이 이렇다 보니 요즘은 나이와 직업을 가리지 않고 너도나도 영어교육에 돈을 아끼지 않고 투자한다. 그야말로 요람에서 무덤까지 영어와 함께하는 셈이다. 수학도 마찬가지이다. 수학은 연산력을 기르는 기초가 중요하고 학습 시기를 놓치면 학교 공부에 직접적으로 어려움이 따른다. 초등학생 자녀를 둔 부모라면 아이가 학과 공부에 부진하여 자신감을 잃는 모습을 지켜보기 힘들다. 이런 탓에 부모들은 빚을 내거나 아르바이트를 해서라도 사교육에 투자하게 된다. 영어, 수학뿐만 아니라 논술, 전 과목 공부방, 그리고 미술, 피아노와 같은 예체능 과목도 마찬가지이다. 주요 과목에 비해 기본적으로 수요가 적을 수 있지만, 그래도 틈새는 분명히 있다. 이것이 바로 한 아파트 단지에서 고개만 돌려도 다양한 공부방을 쉽게 발견할 수 있는 이유이다.

나는 영어 과목을 가르치고 있다. 하지만 이 책에서는 특정 과목에 치우치지 않고 전반적인 공부방 사업에 공통으로 적용할 수 있는 내용을 담으려고 노력했다. 그럼에도 부분 부분 영어교육 사업에 관해 조금 더 디테일한 설명이 뒤따른다. 이 점에 대해 독자들의 너그러운 양해를 구한다.

잠시 영어 이야기를 해보자.

나는 비영어권 나라라면 어디든 영어교육사업은 불패라고 생각한다.

지금 이 책을 읽고 있는 독자라면 영어를 전공했거나 영어를 사용하여 돈을 벌고자 하거나 혹은 현재 영어 관련 일을 하고 있을 수도 있다. 혹은 수학이나 논술, 기타 과목 수업이 가능한 독자일 수도 있다. 학원 강사일 수도 있고, 대학 졸업 후 결혼과 동시에 커리어를 잃어버린 어느 평범한 주부일 수도 있다.

이런 분들이라면 축하한다. 다른 사람들에게 무언가를 가르칠수 있는 능력이 있는 당신은 행운아이다. 지금, 이 순간에도 무엇을하면서 먹고 살아야 할지 고민하는 많은 사람 가운데 지도 능력이라는 자산을 가진 당신. 치열한 생존의 전쟁터에서 두꺼운 갑옷을입은 것과 다름없으니 앞으로 삶의 반은 성공한 셈이다. 적어도 그렇게 될 수 있도록 내가 가진 모든 노하우를 이 책에 아낌없이 담아보았다. 훌륭한 재료를 가진 당신이 노하우가 담긴 레시피를 더해 그저 그런 학원이 아닌 교육 맛집으로 키워내기를 바란다. 이를 실천에 옮길지, 책을 읽는 것에서 끝낼지는 전적으로 당신에게 달려있다.

2021년 가을
1인학원 워너비 **김지영**

목차

Part 01. Dream & Plan
──────── 1인학원 사업을 위한 마인드 세팅

Part 02. How to set up
────── 실전 창업 준비하기

Part 03. Business On
—————— 이제 실전이다

Part 04. Total Management
──────── 1인학원 운영관리, 이것만은 꼭!

Part 01.
Dream & Plan

1인학원 사업을 위한
마인드 세팅

★ ★ ★ ★ ★ ★ ★ ★ ★ ★ ★ ★ ★

지금이라도 내 사업을 시작해야 하는 이유

지난 10여 년간 나는 다양한 형태로 영어교육에 몸을 담아 왔다.

결혼을 하고 첫 아이가 생기기 전까지 신혼집 근처에 있는 보습학원에서 중고등학생을 대상으로 영어 강사를 했다. 하지만 밤 10시에 끝나고 중간·기말고사 기간이 되면 주말에도 내신 대비를 해주어야 했다. 게다가 방학 때가 되면 특강을 해주느라 거의 내 삶이 없었다. 집에 늦게 들어오는 것뿐만 아니라 남편과도 생활 패턴이 맞지 않아 달콤한 신혼을 보내기조차 어려웠다. 그러다 보니 점점 직업에 대한 만족감이 떨어졌다. 그런데도 겨우 급여는 150만 원 남짓이라니…? 내가 가르쳤던 수십 명의 교육비를 어림해보면 내가 받는 급여는 터무니없이 적었다. 그런데도 원장은 운영이 어렵다는 이유로 다음 해에도 급여를 인상해주지 않았다.

이런저런 처우 불만족으로 일하는 동기가 흐려질 때쯤, 첫 아이가 생겼다. 입덧을 핑계로 다니던 보습학원과 결별했다. 보습학원을 그만두고 아이를 출산할 때까지 집에서 과외를 시작했다. 하지만 교육비를 제때 받지 못했고, 심지어 동전까지 탈탈 털어 과외비를 내는 학부모를 접하면서 점점 교육자가 아니라 지식을 파는 하찮은 장사치로 전락한 느낌마저 들었다. 또 경제적 형편이 어려워지면, 과외수업부터 끊다 보니 지속적이고 안정적인 수입원이 되지도 못했다. 결국, 출산 때까지만 임시로 과외를 하기로 하고, 출산 후에는, 육아에 전념하기로 했다. 이후로 나의 사회적 경력은 몇 년간 단절되어야 했다.

첫 아이 육아로 인해 단절되었던 커리어를 다시 시작한 것은 둘째가 뒤집기 시작한 생후 6개월쯤이었다. 아직 남의 손을 타기에 어린 나이였지만, 그렇게 경력 단절녀로 주저앉고 싶지 않았다. 더 오래 쉬면, 다시 사회로 나갈 엄두를 낼 수 없을 것만 같았다. 그렇게 둘째를 눈물로 떼어 보내고 나는 다시 사회로 나가기 위해 독하게 달려들었다. 고용주에게 채용되기 위해 갖은 이력들을 어필하고 결과를 기다리며 마음 졸였던 그때를 생각하면, 참으로 눈물겹게 느껴진다. 불합리한 처우 앞에서도 울며 겨자 먹기로 수긍할 수밖에 없었다. 왜, 나는 피고용인이니까. 고용주 마음에 들지 않으면 나는 일을 시작할 수 없으니까. 고용주의 마음에 들지 않으면 나는 돈을 벌 기회조차 가질 수 없으니까.

무엇보다 견디기 힘들었던 것은 내 삶의 흥망성쇠가 그들의 손에 달려있었다는 점이었다. 나는 계획된 삶 안에서 안정적으로 사는 것을 좋아한다. 하지만 강사로 산다는 것은 늘 불안했다. 하루아침에 잘리면 그만인 파리 목숨과도 같았기 때문이다. 널리고 널린 것이 영어 강사이고, 심지어 영어를 전공하지도 않은 약점도 있었다. 그렇다고 해서 서울 대치동, 목동에서 이름을 날리는 스타 강사도 아니었다. 나는 그저 대한민국의 수많은 계약직 영어 강사 중 하나였다. 서울 4년제 대학 경영학과를 졸업한 지극히도 평범한 나의 스펙은 영어 강사로 그다지 메리트가 있는 편도 아니었다. 불안정한 직업 때문에 적금도 들기 어려웠다. 덜컥 적금부터 들었다가, 한순간 부금을 못 낼 수도 있기 때문이었다. 아니, 적금을 들 돈이 없었다고 하는 것이 더 정확하겠다. 이즈음인 것 같다. 경제적 자유에 대한 갈망이 싹트기 시작한 것이.

나는 현재 아이가 셋이다. 그런 탓에 다시 일해야겠다고 생각했을 때에는 육아를 늘 염두에 두어야 했다. 중고등 학원가는 6시 이후부터가 피크타임이다 보니, 어린아이 셋을 키우는 나에게 안정적인 정규직은 적합하지 않았다. 엄마로서, 또 아내로서의 삶을 최대한 유지할 수 있는 일들을 찾아야 했기 때문에 단기 계약직이나 파트타임 강사 자리밖에는 구할 수가 없었다. 당연히 급여는 충분치 않았다.

파트 강사로 일하면서 버는 수입의 대부분은 아이 셋의 교육비로 나가버렸다. 그렇게 사는 한, 5년 10년 후의 미래는 암담했다. 삶의 더 큰 비전을 가질 수 없다는 불안함이 있었다. 학원 강사일 때에도, 개인 과외를 할 때도 내 삶이 환경에 좌지우지되는 점은 동일했다. 그만큼 불투명한 미래, 확신 없는 미래였지만, 희뿌연 안개 속을 걷듯 그저 그렇게 하루하루를 살아나갔다.

7년을 피고용인으로 살아가면서 나를 고용한 오너들의 삶을 바라보게 되었다. 성공해 보이는 그들에겐 공통점이 있었다. 자기 일처럼 열심히 일하는 강사들을 두면서 풍요로운 삶은 그들이 누린다는 점이었다. 내가 개미처럼 열심히 일하면 할수록, 내가 아닌 그들이 더 부자가 되고 있었다. 일은 더 안 하는데도 말이다. 시간의 자유, 노동으로부터의 자유, 경제적 자유를 향해 그렇게 나의 오너들은 해를 거듭할수록 성장해 나갔다.

그들은 고용주이다 보니 일선에서 힘들게 일할 필요가 없었다. 주 1회 오전 회의 외에는 사업장을 비웠고, 개인적인 용무들을 보러 다니는 듯 보이기도 했다. 그중 가장 경제적으로 안정을 누렸던 분 이야기를 해보겠다. 처음에는 작은 사무실에서 시작했던 그녀가 불과 10년 만에 노른자위 학원가 건물에 100평짜리 상가의 주인이 되었다. 그녀는 늘 사업체가 어렵다 어렵다 하였다. 그러면서도 늘 목돈을 굴릴 만한 새로운 투자처를 찾기 위해 고민하는 모습을 흘리기도 했다.

사업을 하는 그들은 시간이 흐르면서 점점 부자가 되어갔고, 피고용인인 내 삶은 몇 년 전과 크게 다르지 않았다. 그렇다. 오너들이 부를 축적할 몇 년의 기간 동안 나는 그달 그달 급여에 만족하며 제자리에 머물러 있었던 것이다. 그들은 당신이 그러한 사실을 알아차리지 않기를 바란다. 왜, 그들이 지향하는 경제적, 시간적 자유를 위해서는 당신이 꼭 필요하기 때문이다. 제삼자의 시각으로 내 삶을 객관적으로 바라보자, 이제 나도 다르게 살아야겠다는 결심이 섰다. 누군가 그랬다. 늘 풀던 방식으로 풀리지 않는 수학 문제가 있다면, 전혀 다른 공식을 써야 한다고. 인생도 그러했다. 잘살아 보려고 발버둥 쳐도 늘 제자리걸음이었다면, 이제는 완전히 다른 인생 공식을 써야만 했다.

누군가에게 고용을 당하고 그들을 위해 일하면서 급여를 받을 것이 아니라, 나도 나만의 것을, 온전히 내 것을 차려야겠다고 생각했다. 그들을 부자로 만들어 주는 것이 아니라, 내가 부자가 되고 싶었다.

지금 이 이야기를 듣는 순간, '어, 이거 내 얘기인데?'라는 생각이 드는 독자가 있다면, 이것만은 기억해주기 바란다. 지금 자신이 몸담은 그곳의 오너가 아무리 좋은 사람이라고 할지라도, 그저 남일 뿐이다. 언젠가 그들에게 당신을 해고할 작은 이유라도 생긴다면, 그들은 당신의 사정을 보아주지 않을 것이다. 사정하며 매달려 보았자,

"미안해요…"라는 짧은 답변만 돌아올 것이다. 더 젊은 강사, 더 유능한 강사, 더 적은 급여를 주어도 만족하는 강사가 있다면 당신은 가차 없이 그곳을 떠나야 할 것이다. 비즈니스 세계는 이렇듯 비정하다. 명심하자. 지금 내 통장에 급여를 쏘아주는 그들이 결코 내 인생을 책임져 주지 않는다.

이제라도 자신의 가치를 매겨지지 말고, 스스로의 가치를 올려 나가는 사람이 되어보자. 아무리 일해도 비슷한 수준의 급여밖에 기대할 수 없는 지금의 삶 대신, 내 사업을 시작해보자. 내가 노력하는 만큼 수익을 실현하고, 그만큼 나의 삶도 윤택하게 만들어 보자. 작년보다 올해가 더 여유 있어지고, 올해보다 내년이 더 기대되는 나만의 안전 자산을 만들어 보자. 1인학원 사업은 그 어떤 형태의 교육기관보다도 안정적이고, 달콤한 수익 구조를 가지고 있다. 교육사업에 실패할까 봐 두려운가? 두려우면 되게 하는 법을 배워라. 지금 내 모습에 자신이 없는가? 그러면 어느 부분이 약한지를 파악하고 그 부분을 강화해라. 그러면 된다.

공부방이 아무리 운영이 안 된다고 하여도, 적어도 급여 생활자였을 때만큼은 벌 수 있다. 집중적으로 교육사업에 올인하는 열정을 가지고 움직인다면, 시간이 지날수록 삶의 만족도가 점점 높아질 것이다. 수입으로 보상이 되기 때문이다. 못 믿겠다면 수치로 계산해보자. 지금 당신은 얼마의 급여를 받고 있는가. 대략 150에서 300 사이일 것이다. 보통 학원의 교육비는 지역적으로, 과목별로 차이가 있겠지만 최소 15만 원이다. 한 달에 최소한 한 명씩 신규생을 모집한다고 잡았을 때, 10명만 들어와도 150만 원의 수입이 보장된다. 오픈하고 불과 10개월 만에 당신은 당신의 월급을 스스로 만들 수 있다(물론, 프랜차이즈 교습소의 경우에는 임대료와 월 과금을 본사에 내야 하기에 고정 지출이 있다. 교습소를 하는 경우라면 평균 3~ 4명 정도의 학생이 더 있어야 공부방과 비슷한 정도의 수익을 낸다).

그 이후부터는 신입생들을 잘 유지한다고 가정했을 때, 당신의 월급은 점점 늘어난다. 그것도 매달. 1년 반 동안 꾸준히 한 달에 한 명이 모집되었다면, 18개월 동안 18명의 학생을 꾸릴 수 있었을 것이고, 18명에 최소 교육비 15만 원을 곱했을 때, 270만 원이라는 월 수입을 만들 수 있다. 하루에 6시간 동안 사업장을 운영한다고 생각했을 때, 시간당 3명꼴만 지도하면 된다. 이래도 다리가 퉁퉁 부어가며 몇 시간 동안 서서 수업을 했던 학원 강사에 머무르겠는가? 목이 쉬도록 대 여섯 시간을 기계처럼 강의해야 했던 수업을 과연 몇 년이나 더 버티며 할 수 있을까? 나는 그래서 이 사업이 매력이 있다고 생각한다. 일도 편한데, 수입은 더 달콤하기 때문이다. 돈은 충분히 벌지만, 몸이 축날 정도로 힘들면 일에 대한 만족감이 떨어질 수밖에 없다. 그렇다고 일은 편한 대신 수입이 충분치 않다면 이는 더더욱 싫을 것이다. 하지만 교육사업은 시간이 흐르면서 나의 자산이 되는 회원들이 점점 늘어간다. 초기에 몇 명의 회원을 잘 받아서, 성심껏 관리하면 따로 광고비를 들이지 않아도 저절로 홍보가 되기 때문이다.

　　교육사업에서 학생은 그야말로 자산이다. 이 소중한 자산들을 내가 정성껏 관리하면 소개로 이어진다. 나는 학원을 개원한 지 3개월 만에 20명을 모집했다. 만 1년이 되었을 때, 40명에 가까운 학생을 관리하면서 본사로부터 전국 최우수 지사 상패를 받기도 했다. 이는, 상위 0.1 퍼센트의 특별한 이야기가 아니다. 교육사업 노하우를 배워 제대로만 한다면, 누구나 2~3년 안에 이룰 수 있는 목표라고 생각한다. 나의 경우, 초등 위주의 교습소라서 매년 중학생들을 졸업시켜야 한다. 또, 매년 코로나에 이사가는 친구들까지 생각하면, 사실 이제는 그 수를 유지만 해도 다행이다. 그래도 매달, 신입생 문의가 이어짐에 감사하며, 이 책을 쓴다.

○●○○●

1인학원 창업, 결심이 반이다

1인학원 사업을 결심하고 준비하기까지 몇 가지 걸림돌이 있었다.

첫 번째 가장 큰 걸림돌은, 현업이 있다는 점이었다.

창업을 결심할 당시 나는 영어 전문 강사로 일하고 있었는데, 학원에 퇴직 의사를 전달하는 것이 무엇보다 어려울 것 같았다. 당시 원장님이 인성도 너무 좋으시기도 했고, 늘 나에 대해 두터운 신망을 표현한 터라 강사 채용의 스트레스를 안겨 드리는 게 죄송했기 때문이다. 또, 내가 담임으로 맡은 아이들에 대한 애정 때문에 그 친구들과 이별하면서까지 내 일을 해야 할지 고민이 이어졌고, 그러다 보면 매달 반가운 월급이 들어와 있었다. 그러면서 '에이, 하루하루에 충실하자. 미래를 그리는 건, 몇 년 후에 생각하자' 하며 미루기 일쑤였다.

지금 만일 공부방을 꿈꾸며 책을 읽는 독자들 가운데 현업이 있다면, 최대한 빨리 결심하자. 다만, 현재 일하고 있는 곳에 최대한 피해를 적게 주는 쪽으로 배려하며 아름다운 퇴사를 준비하자. 나의 경우, 결심은 오래 걸렸지만, 결심한 이후에는 곧바로 행동으로 옮겼다. 바로 그 다음 날 밤새 고심하며 쓴 손편지에 사직 의사를 담아 원장께 전달했다. 하루라도 빨리 알릴수록 오너에게 채용 시간을 벌어주는 배려임을 명심하자. 괴롭고 눈치 보인다 하여 퇴직 의사를 늦게 알려서는 안 된다. 모름지기 사람의 인연이란 언제 어디서 만날지 모르는 일이기에 끝맺음이 아름다워야 한다.

퇴사 의사를 밝혔다면, 이제 약속한 마지막 근무일까지 조용히 있다가 조용히 나오자. 교사가 바뀐다는 소식이 퍼지면, 아이들과 학부모도 동요한다. 그러니 오너가 이전처럼 따뜻한 시선을 줄 거라 기대하지는 말자. 오너 입장에서는 원망스러운 마음이 드는 것이 당연하다. 뒤를 이를 괜찮은 강사를 구하는 데 한 달이 걸릴 수도 있고 두 달이 걸릴 수도 있다. 그 기간 한솥밥을 먹으면서 겪어야 하는 어색함과 불편함이 힘들게 느껴질 것이다. 그렇지만 그것은 오롯이 자신이 견뎌내야 한다. 다음 강사를 구할 때까지는 자기 자리를 비우지 않는 것을 오너에 대한 마지막 배려라고 생각하자. 나의 경우, 후임 강사에게 인수인계를 꼼꼼히 해주어 강사 교체로 인한 학원의 혼란을 최소화하려고 노력했다.

학원을 퇴사하기까지 일하면서 동시에 내 사업을 준비해야 했기 때문에 시간을 쪼개어가면서 생활했다. 밤마다 유튜브나 네이버를 찾아보면서 영어 공부방에 관한 흩어져 있는 정보들을 수집했다. 다행히 학원 일은 오후부터 시작했기 때문에 출근 전에는 사업 설명회 및 가맹 상담을 찾아다니거나 부동산 중개업소를 돌아다니며 상가를 알아볼 수 있었다. 사업 준비를 한다고 여기저기 돌아다니다 보면 점심을 먹을 시간도 없었다. 수업시간에 맞추어 돌아와야 했기 때문에 시계를 보며 동분서주했다. 힘들었지만 찬란하게 빛날 내 앞날을 상상하며 이 악물고 버텼다.

두 번째 걸림돌은 공부방 창업에 관한 실질적인 후기라든지 사업성을 가늠해볼 만한 깊이 있는 정보의 부재였다.

인터넷으로 주먹구구식으로 찾아본 이런저런 정보들은 그저 떠다니는 퍼즐 조각들을 모으는 것일 뿐, 명확하게 큰 그림이 그려지지를 않았다. 책을 쓴 성공한 공부방 원장들의 이야기는 특별한 능력과 재주가 있는 사람에게만 해당하는 것 같았다. 큰 성공을 한 사람들의 자서전을 읽는 느낌이 강했다. 창업을 꿈꾸는 사람들이 정작 알고 싶은 그 중간 과정에 대한 디테일한 정보가 아쉬웠다.

이 때문에 나는 사업 경험이 전무한 그 누가 창업하더라도 쉽게 접근할 수 있는 책을 쓰고 싶었다. 꿈을 가진 자들이 용기를 가지고 그들의 비전을 구체적으로 그릴 수 있는 도움을 주고 싶었다. '사업은 아무나 하나? 대단한 사람이네'라는 생각으로 책장과 꿈을 함께 덮어 버리는 것이 아니라, '나처럼 평범한 사람이네, 그럼 나도 할 수 있겠다'라고 동기를 주는 책. 그들이 특별해서 책까지 냈을 거라고 생각하며 움츠러드는 대신, '공부방 사업, 별거 아니구나. 나도 도전해 봐야지'라는 희망이 담긴 책을 쓰고 싶었다.

사업에 필요한 정보들을 수집하면서 무엇보다 아쉬웠던 점이 있다. 내가 가장 궁금했던 점은 프랜차이즈 학원에 관한 정보나 후기였는데, 애석하게도 그런 책은 찾아볼 수가 없었다. 출간된 책 대부분이 개인 브랜드 공부방에서 성공한 이야기들이었고 따라서 프랜차이즈 교습소를 하고자 했던 나에게는 참고할 내용이 제한적이었다. 프랜차이즈 사업의 장단점이나 운영방식, 시스템 등의 정보는 접하기가 어려웠던 것이다. 그러다 보니 교습소 창업을 결심하고 나서도 막연한 두려움이 문득문득 엄습했다.

이와 같은 나의 경험에 공감하는 분들께는 이런 얘기를 전하고 싶다. 지피지기면 백전백승이라고 했다. 창업이 두려운 이유는 적에 대해 제대로 모르기 때문이다. 막상 싸워보면 별것 아닌 상대인데, 싸워보지도 않고 지레 겁을 먹는 셈이다. 권투 선수들의 체급으로 비유하자면, 나는 현재 라이트급인데 내가 싸워야 할 상대는 마치 헤비급으로 보이는 것이다. 싸워 본 경험이 없다 보니 내가 가진 역량은 적어 보이고, 상대방은 거구로 보여 사기가 떨어지는 것과 같다. 덩치가 거대해서 겁먹었지만, 사실 상대는 물 주먹일 수도 있는 일이다. 전술과 전략을 미리 분석해서 상대에 대해 알게 되면, 보다 더 자신감 있게 허를 찌를 수 있게 된다. 공부방 창업도 마찬가지이다. 사실, 알고 보면 별 것 아니다.

창업을 결심하는 데 세 번째 걸림돌은 바로 '부정적인 마음'들이었다. 막상 내 사업을 하려고 하니 여러 가지 부정적인 생각들이 발목을 붙잡았다. 한편으로는 내 사업을 해야지 하다가도 또 한편으로는 창업을 미룰 이유들이 수두룩했다. 그러다 보니 시작 시기를 나도 모르게 자꾸 미루게 되었다. 이런 부정적인 생각들은 끝내 두려움으로 변하여 매번 스스로를 주저앉히고 말았다. 그렇게 나는 꿈만 꾸다가 결국은 현실에 안주하는 삶으로 돌아와 몇 년의 세월을 낭비했다.

사람들 대부분은 창업 등 새로운 도전을 할 때 부정적인 생각에 가로막혀 결단을 미루게 된다.

공부방 사업을 꿈꾸면서도 그 시기를 미루는 건 다음과 같은 심리도 작용할 것이다.

'모든 것이 다 준비되었다고 느낄 때 제대로 시작하고 싶다.'
'자금을 많이 모아 목 좋은 곳에서 번듯하게 시작하고 싶다.'
'완벽한 커리큘럼이 짜였을 때 완벽하게 시작해야 한다.'

생각만 하고 행동으로 옮기지 않는 꿈은, 몽상일 뿐이다. 사실 이 세 가지 심리는 나에게 해당하기도 했다. 나는 완벽주의적인 성향이 있다. 모든 것이 다 준비되었다고 느낄 때 멋지게 시작하고 싶었다. 자금을 많이 모아 실내장식 멋진 목 좋은 곳에서 시작하고 싶었고, 나만의 특별한 커리큘럼으로 이상적인 교육관을 펼치고 싶었다. 꿈만 꾸고 실천하지 않았던 나는 몇 년간 몽상가일 뿐이었다.

언젠가는 내 사업을 하겠다는 생각이 있었지만, 그 언젠가가 몇 년 후가 될지는 계획조차 하지 않았기 때문이다. 이것이 두려움에서 나온 '핑계'에 불과하다는 것을 깨닫게 된 것은, 나를 진심으로 응원하던 현명한 지인들과의 대화에서였다.

"켈리 선생님은 공부방 여시면 잘 되실 것 같은데, 왜 안 하세요?"
"아, 아직 준비가 안 된 것 같아서요."
"무슨 준비요?"
"당장 사업 비용도 없고요. 빚내서 시작하고 싶진 않거든요. 한 10년쯤 후에는 가능하지 않을까요"
"그런데 생각해보세요. 10 년 뒤에는 과연 그 돈이 모여 있을까요?"
"……."

허를 찔렸다. 사실 나는 사업에 필요한 자금이 얼마가 드는지조차 몰랐다. 그러니 돈을 모을 때까지 창업을 안 하겠다는 것은, 도전에 대한 두려움을 회피하기 위해 내세운 핑계였던 것이다. 돌아보면, 3년 전에도 나는 똑같은 생각을 했다. '돈 모아서 내 사업해야지.' 하지만 3년이 지난 후에도, 사업 자금을 모으기는커녕, 다달이 버는 돈은 다 소비해버리고 손에 쥔 것이 없었다. 상황은 그때나 지금이나 똑같았다. 변한 것이 없었다.

소심한 나를 지켜보던 지인들이 용기를 낼 수 있도록 독려해주었고, 37살이 되어서야 비로소 용기를 냈다.

'모든 게 준비되었을 때 시작한다고? 안 그래도 돼, 대안이 있어.'
'비싼 임대료 내는 목 좋은 곳이 아니어도 돼. 돈을 많이 모아야만 사업할 수 있는 거 아니야. 생각보다 자금 많이 안 들어.'
'커리큘럼은 직접 안 짜도 돼, 잘 짜인 커리큘럼을 돈 내고 빌리면.'

이제 나는 안다. 사업을 향한 첫걸음은 그 무엇도 아닌 바로 '자신과의 고독한 싸움에서 이겨 용기를 내는 것'이라고.

○ ● ○ ○

무엇이 창업과 도약을 가로막는가?

　지금 나는 창업의 꿈이 있으면서도 스스로가 만든 비겁한 핑계에 둘러싸여 있지는 않은가? 다음의 몇 가지 질문을 통하여 자각해 보는 시간을 가져보자.

　연필을 들고 직접 한 번 적어보자.

　첫째, 나는 공부방 창업을 생각만 하다가 흘려보낸 세월이 있는가?

(Yes / No)

　둘째, 있다면 낭비한 세월은 몇 년이며, 어떤 이유에서인가?

낭비한 기간	총　　　년 (　　　년~　　　년)
미룬 이유	1. 2. 3.

셋째, 그 이유들이 사업을 추진하지 못하는 진짜 이유인가, 그렇지 않으면 핑계인가?

넷째, 이 중 가장 큰 이유는 무엇인가? 창업하기에 아직 부족해서라고 여긴다면, 과연 무엇이 부족한가? 그리고 그 부족함을 채우기 위해 나는 어떤 노력을 해 왔는가?

이제 앞에서 나열했던 창업의 걸림돌들을 하나하나 걷어내 보자.

다음 예시와 같이, 자신이 현재 처해 있는 어려움과 그것들을 타계해 나갈 방안을 직접 적어보자. 생각만 하는 것과 가시화하는 것은 큰 차이가 있다. 구체적이면 구체적일수록 좋다.

문제	해결책
예) 아이가 어리다	어린이집을 다음 주부터 알아보고, 다음 달부터 등원시킨다.
예) 창업할 돈이 없다	- 내일 당장 부동산에 가서 얼마를 모아야 상가를 얻을 수 있는지 시세부터 알아본다. - 어떻게 돈을 마련할 것인지 계획을 세운다

미룬 이유가 돈인가? 그렇다면 먼저 창업비용이 얼마 필요한지부터 정확하게 알아보고, 자금 계획을 세워라.

미룬 이유가 현업이 있어서인가? 결심은 빠르면 빠를수록 좋다.

미룬 이유가 육아 때문인가? 아이는 전문교육기관에 맡겨라. 엄마가 24시간 끼고 있다고 해서 아이가 행복하다는 보장은 없다.

미룬 이유가 커리어 부족인가? 그렇다면 부족한 스펙을 쌓기 위해 지금이라도 필요한 경력을 더 쌓아라.

미룬 이유가 해당 과목을 전공하지 않아서인가? 전공자가 아니어도 상관없다. 실제로 해당 과목을 전공한 원장들은 10~20% 정도밖에 되지 않는다. 자꾸 안되는 이유를 찾는 대신, 안 되면 되게 하라.

문제와 해결책을 통하여, 결심을 굳혔다면 나와 약속하자.

나 _____ 는(은) 늦어도

_____ 년 _____ 월까지

반드시 나만의 교습소를 차릴 것을 약속합니다.

위와 같이 창업을 결심했다면, 사진으로 찍어 이메일로 보내주기 바란다. 나 혼자 하는 결심은 조용히 사라질 확률이 높다. 다른 사람에게 약속하고 그 약속을 지키기 위해 노력하라. 그러면 당신의 꿈은 여느 때처럼 꿈에서만 머무르는 것이 아니라, 실제 당신의 삶이 되어있을 것이다.

성공 창업의 날개를 다는 추진력

창업을 위해 가장 첫 번째 단계인 '결심'을 했다면 다음은 행동할 차례다. 결심했다면 그날 당장 움직여야 한다. 그렇지 않으면 또다시 꿈이 사그라질 것이기 때문이다.

나의 경우, 내 사업을 해야겠다고 마음먹었을 때, 그날 바로 본사에 전화했다. 바로 그다음 날 프랜차이즈 사업 설명을 들었고, 돌아오는 길에 부동산에 전화를 걸어 상가 매물을 알아보았다. 그날 밤, 적당한 조건의 상가를 찾을 때까지 온라인 부동산 사이트를 찾아다녔고 날이 밝자마자, 부동산에 직접 방문해서 상가 임대 매물들을 보러 다녔다. 장마철이라 비가 억수같이 내렸지만 나의 열정을 막을 수는 없었다. 지금 돌아보면 비가 그치고 날 좋을 때 알아보아도 되었을 일이다.

그때의 느낌을 설명하자면, 보이지 않는 우주의 강력한 에너지가 나를 이끄는 것 같았다고나 할까. 마치 블랙홀에 빨려 들어가는 듯한 속도감이 느껴졌다. 이렇게 빨리 추진해도 되는 걸까, 스스로에게 겁이 날 정도로.

무엇이 나를 그렇게 절실하게 만들었을까?

'이번만큼은 흐지부지 물거품으로 끝내지 않아야지.'

이처럼 창업을 하기 위해서는 이처럼 '머리'가 아닌 '가슴'으로 내린 결심이 필요하다. 머리로 내린 결심은, 자꾸 이것저것 재고 새로운 길에의 도전을 가로막는다. 반면, 가슴으로 내린 결정은 내가 생각하기 전에 이미 나를 움직이게 하는 강력한 파워를 가지기 때문이다.

나는 이 책이 공부방 창업의 꿈을 꾸는 독자들의 심장을 뜨겁게 달굴 수 있기를 희망한다. 사업가로의 도전은, 개인이 가진 한계를 뛰어넘는 실로 엄청난 일이다. 지금껏 안전한 울타리 안에서 목동이 먹여주는 풀을 먹으며 살아온 양이었다면, 이제는 '양'이 아닌, '양치기'로 변해야 하기 때문이다. 양이 목동으로 변하는 일. 멋지지 않은가.

춥고 메마른 겨울을 견뎌온 나무가 이듬해 봄, 첫 싹을 틔울 때는 엄청난 에너지가 필요하다. 창업도 마찬가지이다. 만물이 소생하듯, 내가 가진 모든 에너지를 집약시켜야 하는 실로 엄청난 도전이다. 나도 사업가로의 도전을 수년간 미루던 '겁쟁이 쫄보'였다. 하지만 우리를 뛰어넘었고 마침내 목동이 되는 데에 성공했다. 결심이 어려운가? 막상 해보면 별것 아니라는 것을 느낄 것이다. 당신도 할 수 있다.

다만, 결심한 이후에는 그것이 흔들리지 않게 하는 '셀프 장치'를 만들기를 권한다.

나 혼자만 결심하고 나 혼자 조용히 꿈을 접지 않으려면 내 의지를 붙들어줄 무언가가 필요하다. 셀프 장치란 나를 움직이게 하는 힘을 주는 하나의 도구이다. 어떠한 장치를 만들어야 할지는 사람마다 다를 것이다. 저마다 자신이 중요하게 여기는 삶의 가치들이 다르기 때문이다. 나에게 추진력을 주는 요소가 무엇인지, 무엇이 나로 하여금 실행하게 하는지를 생각해보자. 무언가를 성공적으로 성취해 낸 과거의 경험들을 떠올리면서 내면에서 나만의 강한 동기를 끄집어내 보자. 그러면 실행력과 추진력을 얻을 수 있다.

가령, 나의 경우, '약속'과 '책임'이라는 가치를 매우 중요하게 생각한다. 그래서 첫 번째 셀프 장치로써 내 결심을 주위에 먼저 알리는 일부터 시작했다. 그리고 늦어도 언제까지는 창업하겠다고 하는 구체적인 시기까지 약속했다.

"나 늦어도 내년 3월 전까지 공부방 차리려고."

가족과 가까운 지인들에게 일단 이렇게 내뱉었다. 그리고서 싱거운 사람이 되지 않기 위해 애썼는데, 바로 그 힘이 나를 앞으로 달려나가게 하는 채찍이 되어 주었다. 만일 내가 약간의 금전적인 손해도 못 견디는 사람이라면 더욱 쉽게 셀프 장치를 마련할 수 있다. 이는 바로, 변심 시에 위약금을 물어야 하는 '계약'이라는 것을 해버리는 것이다. 부동산 상가 계약을 하고 계약금을 보내고 나면, 변심으로 인한 계약 파기 시 계약금을 돌려받지 못하게 된다.

이처럼 셀프 장치를 만든다는 것은 내가 더 이상 뒤로 물러설 곳이 없도록, 진퇴양난의 환경으로 자신을 몰아가는 것이다. 이로 인해 내 결심은 흔들리지 않게 되고, 다음 단계를 향해 한 발 전진해 나가는 모습을 발견할 수 있을 것이다. 창업은 이렇게 무섭게 휘몰아치듯 진행해야 한다. 나의 경우에도 마음에 드는 상가 자리를 발견하자마자, 몇 가지 위험요소를 점검한 후, 바로 계약금을 입금했다. 이 단계가 실질적으로 창업 준비를 시작했다고 볼 수 있는 첫 단계이다. 교습소가 아닌 공부방을 하려는 분이라면, 상가를 얻을 필요가 없으므로 교육청에 교육업을 신고하는 일부터 해야 할 것이다.

만일, 이 책을 읽는 독자들 가운데, '나는 추진력이 약해.'라고 생각하는 분이 있다면, '도미노 효과'를 전하고 싶다. 도미노는 딱 하나만 쓰러뜨리면, 나머지는 저절로 쓰러진다. 첫걸음을 떼고 움직이기 시작하면 다음 단계들은 마치 도미노가 쓰러지듯 자연스럽게 진행된다. 뭐부터 하지, 생각이 너무 많으면 엄두가 나지 않는다. 일단, 내가 할 수 있는 가장 쉬운 것부터 일단 시작하고 보자.
'시작이 반이다.'
할지 말지 고민이 될 땐, 일단 해보고 얘기해라. 해보고 후회하는 것보다 안 해보고 후회하는 것이 훨씬 더 괴로운 법이다.

1인학원 원장의 자격 기준

1인학원 원장은 법률을 통해 교육청이 인정하는 '교습자의 자격 요건'을 갖춰야 교습소를 열 수 있다. 그 자격은 초·중등교육법 제21조에 명시하고 있다. 열거한 여러 자격 중 하나라도 해당하는 항목이 있으면 교습이 가능하다. 만일, 해당 사항이 없다면, 이에 준하는 자격 요건을 만든 후에 다시 도전하는 것이 좋다.

〈초·중등교육법 제21조 규정에 따른 교원 자격〉

- 전문대학 졸업자 또는 이와 같은 수준 이상의 학력이 있는 사람(학점 인정 등에 관한 법률 및 독학에 의한 학위 취득에 관한 법률에 의한 전문학사 학위 취득자도 자격 인정)

- 국가기술자격법에 따라 교습과목과 같은 종목의 기능사 자격을 취득한 후 3년 이상의 실무경력이 있는 사람

- 고등학교 졸업자 또는 이와 같은 수준 이상의 학력이 있는 사람으로서 교습하려는 부문에 2년 이상 전임으로 교습한 경력이 있는 사람

− 국가 또는 지방자치단체 등 공공기관이 주관하거나 후원하는 전국 규모의 각종 기능경기대회에서 교습하려는 부문에 입상한 실적이 있는 사람

− 중요 무형문화재 보유자 등 기능 또는 예능 보유자로서 교육감이 인정하는 사람

− 대학 졸업 이상의 학력이 있는 외국인으로서 출입국관리법 제10조 및 같은 법 시행령 제12조에 따른 해당 체류자격이 있거나 같은 법 제20조 및 같은 법 시행령 제25조에 따라 해당 교습활동에 관한 체류자격 외 활동허가를 받은 사람

살펴본 대로 교습자의 자격 요건은 2년제 대학 졸업 이상의 학력자라면 거의 가능할 정도로, 그다지 까다롭지 않은 편이다. 다만, 교습소 폐지 처분을 받거나, 처분받은 날로부터 1년 이내 또는 교습 정지처분을 받은 자는 정지 기간이 지나기 전에는 같은 종류의 교습소를 신고할 수 없는 제한 사항(법 제14조 제8항 및 시행규칙 제11조 제4항)이 있으니, 재설립하는 경우라면 유의하는 것이 좋겠다.

이상은 법률상 자격 요건인 만큼 1인학원을 열기 위해서는 당연히 갖춰야 한다. 하지만 이는 어디까지나 법률상 자격일 뿐, 교육사업가로서 갖추어야 하는 경험과 자질은 따로 있다.

이 내용은 뒤쪽에서 차차 다루도록 하겠다.

성공을 불러오는 1인학원 원장의 이력관리

앞에서 교육청이 행정적으로 정한 교습인의 조건을 알아보았다면, 이제 그 이외의 기타 사항에 대해 생각해 보자. 이것은 필수 사항은 아니다. 다시 말해, 없어도 되지만 있으면 더 좋은 것들이다.

이와 같은 요건은 크게 3가지로 나눌 수 있다. 첫 번째는 교육 경력이며, 두 번째는 교습 과목 관련 자격증, 세 번째는 교육 상담 및 교육 영업을 해본 경험치이다.

'교습소 창업에 원장의 학벌 또는 스펙이 중요할까?'
단도직입적으로 얘기하자면, 스펙은 그다지 중요하지 않다. 서울대를 나왔네, 연고대를 나왔네, 하는 것은 차라리 개인 과외 교습자들에게 더욱 중요한 사항이다. 스펙을 내걸어 자신의 몸값을 결정하는 과외와는 달리, 학원 원장은 간판이 중요하지 않다. 그 어떤 학부모도 원장의 학벌을 따져 묻지 않는다. 궁금하겠지만 그렇다고 면전에서 물어보지 않는다. 자칫 결례될 수도 있기 때문이다.

'기왕이면 다홍치마'라고 원장의 학벌이 좋아서 나쁠 것은 없다. 상담 시 이 부분을 어필할 수도 있고 이로 인해 회원 모집에 도움이 될 수도 있다. 하지만 고학력, 고스펙이 교육사업의 필수 성공 요건은 아니라는 얘기이다. 오히려 학원 강사라면, 학벌과 스펙은 입사 시에 직원으로 일할 때 훨씬 더 중요하다. 강남권 학부모들은 학원을 선택하는 중요한 기준이 바로 강사의 퀄리티이기 때문이다. 그래서 강사의 스펙에 따라 강사료와 처우가 정해진다고 보아도 될 것이다. 학벌과 스펙이 반드시 티칭 능력과 비례하지 않음에도 학부모들은 겉으로 보이는 조건만을 보고 강사의 수업력을 판단하는 오류를 쉽게 범한다.

하지만 1인학원의 경우, 이야기가 다르다. 원장이 직접 상담을 하기 때문에, 학부모들은 면전에서 원장에게 결례가 될 수도 있는 질문은 하지 않는다. 또 원장의 학벌을 묻는 무례함을 범한다고 해도 그 물음에 성실하게 답해줄 필요도 없다. 이런 경우, 즉답하기보다는 '아이를 부족함 없이 가르칠 만큼 충분한 자격이 있습니다'라고 웃으며 우회적으로 답하면 될 일이다.

이처럼 초대 졸 학력의 교습자라면 누구나 1인학원을 설립할 수 있다. 하지만 누구나 성공할 수는 없다. 공부방으로 성공을 하려면, 빛나는 스펙보다는 실질적인 교수 능력이 더욱더 중요하다. 그래서 나는 적어도 아이들을 가르쳐 본 경력이 2년 이상은 되어 학습관리력이 있는 상태에서 창업하는 것이 좋다고 생각한다. 아무런 경험도 없이 공부방이나 교습소를 여는 건, 마치 김밥집을 창업하려고 할 때, 김밥을 말아 보지도 않고 가게를 차리는 것과 같다. 단순히 해당 과목을 잘한다고 해서 무작정 교육사업에 뛰어들지 않는 것이 좋다는 얘기이다.

김밥집에서 실제로 일해보면서 경험과 노하우를 축적한 사람과, 경험 없이 섣불리 창업한 사람과 어느 쪽이 더 성공 확률이 높을지는 깊이 생각해 보지 않아도 알 일이다. 경험이 부족하다면, 지금부터라도 적어도 1년 정도는 교육지도 경력을 쌓아보자. 과외도 좋고, 다른 공부방에서 지도교사로 일하는 것도 좋다. 다양한 아이들을 경험해 보고, 아이들을 통솔하고 학습관리를 효과적으로 해서 실력을 쌓아 올리는 것을 눈으로 지켜보자. 그러한 성공적인 경험을 하고 나면, 학부모를 상담할 때도 자신감이 붙고, 등록 확률도 높일 수 있다.

"교습 과목을 전공해야 하나요?"

"교습 과목을 전공해야 하나요?"

내가 예비 창업자들에게서 종종 받는 질문이다. 교습소를 운영하고 있는 현직 원장들 가운데 전공자의 비율은 대략 30% 이하이다. 물론, 학과목 전공자라면 학원 원장으로서 메리트가 될 것은 분명하다. 공부를 체계적으로 해온 사람이라는 인식을 줄 수 있기 때문에 학원장의 전문성과 정통성을 인정받을 수 있다. 하지만 창업을 위해서 해당 과목을 반드시 전공해야만 한다는 자격 요건은 없다.

영어의 경우만 해도, 요즘은 영어 비전공자도 수준 높은 교육을 받고 교수 능력을 길러 나갈 수 있는 글로벌한 환경이다. 전공자인데도 외국인을 만나면 입이 얼어붙는 사람이 있는가 하면, 비전공자임에도 원어민 못지않은 실력을 지닌 원장들도 많다. 외국에 몇 년 거주하고 들어와 대학 4년간 공부한 것보다 더욱 빠르고 효과적으로 영어를 배운 해외파 원장들, 혹은 국제결혼으로 원어민 배우자를 두고 공부방을 운영하는 분들도 많다. 그러니 해당 과목을 전공하지 않았다고 지레 포기하지는 말자.

학부모들도 학원의 원장이 전공자인지를 묻지도 않고 기대하지도 않는다. '가르칠 실력이 되니까 학원을 차렸겠지' 하고 실질적인 능력을 중시한다. 그렇지만 만일, 교습 과목을 전공하였다면 상담과 마케팅 시 이를 적극 어필하자. 정통성과 전문성에서 분명 플러스가 될 것이다.

이처럼, 학벌과 전공은 1인학원 창업의 필수 요건이 아니다. 그보다는 실질적인 티칭 능력과 관리력이 더욱 중시된다고 볼 수 있다.

영어의 경우, 비전공자의 핸디캡을 극복하고 싶다면 영어 관련 자격증을 한두 개쯤 따둘 것을 추천한다. 테솔(TESOL)도 좋고, 토익 고득점 점수도 좋다. 영어독서 지도사나 원서를 읽어줄 때 필요한 스킬을 공부하는 영어 스토리텔링 지도사 같은 것도 좋다. 내가 이러한 자격증들을 추천하는 것은, 겉으로 보이는 화려한 스펙을 위함이 아니라, 자격증을 공부하는 과정에서 실질적인 교수 능력을 키울 수 있기 때문이다. 교습에 필요한 최소한의 전문지식을 쌓는 것이, 학위 자체를 따는 것보다도 더 실질적인 도움이 된다.

실무 능력을 쌓기 위해 어디서부터 접근해야 할지 모르겠다면, 나의 이력을 보다 자세히 적어보겠으니 영어 공부방 창업에 관심 있는 분이라면 이를 참고하자.

먼저, 1인학원은 주로 초등학생을 대상으로 한다. 물론, 중학생과 고등학생도 지도가 가능하다. 대형 학원보다 섬세한 학습관리를 해주는 소규모 학원을 선호하는 수요도 있기 때문이다. 다만, 비중으로 보았을 때, 초등학생이 공부방의 주요 대상이니, 이에 포커스를 두어 메인 커리큘럼을 준비하는 것이 좋겠다. 초등 영어 커리큘럼에서 빠뜨릴 수 없는 중요한 요소가 있다. 바로 '파닉스'다. 그래서 나는 '영국파닉스 스페셜리스트'와 '리터러시' 강연들을 수료했다.

이와 같은 강연들은, 주로 교재를 출판하는 대형 출판사에서 이루어진다. 자사의 책들을 어린이집이나 유치원과 같은 교육 기관들에 단체 납품을 하고, 그 교재로 수업을 해줄 수 있는 전문 강사들을 파견하는 구조로 유통을 한다. 그러므로 해당 교재로 수업할 수 있는 교사 교육도 함께 해준다. 예를 들면, 노부영(노래로 부르는 영어) 책으로 유명한 'JY BOOKS(제이와이북스)' 출판사나, '나원 에듀케이션'과 같은 파닉스 전문 교재 개발 회사에서 글을 읽고 쓰는 데 필요한 전문 리터러시 교육을 체계적으로 받을 수 있다. 하지만 파견 강사로 지원한 자들만 대상으로 교육이 이루어지기 때문에 당장 창업하고자 하는 분들께는 적합하지 않다.

천천히 준비해서 몇 년 후의 창업을 기약했던 나의 경우, 3년 정도 유아 영어 분야에서 일하면서 현장 경험을 쌓았다. 한 학기당 400만 원 이상의 비용이 들어가는 대학원 테솔(TESOL) 프로그램

대신, 직접 필드에 뛰어들어 돈을 벌어가며 현장 경험을 쌓는 쪽을 선택했던 것이다. 유치원에 파견되는 영어 특강 강사는 시간당 최저 25,000원의 꽤 높은 대우를 받을 수 있으니, 관심 있다면 1년 정도 계약직 파견 강사로 일해보는 것도 추천한다. 사실, TESOL 프로그램으로 유명한 대학원들은 대부분 서울에 있다 보니, 용인에서 서울까지 평일에 왕복 4시간씩 오고 가는 것이 쉽지 않은 이유도 있었다.

첫 번째 방법은 시간이 많이 들고, 두 번째 방법은 돈이 많이 든다. 그래서 대안으로 제안하는 것은, 프랜차이즈 가맹 학원을 창업하는 것이다. 그 이유는 프랜차이즈 본사에서 제공하는 수업에 필요한 다양한 원장 교육 등을 통하여 원하는 이론과 실무 능력을 단기간에 개발할 수 있기 때문이다. 대형 프랜차이즈 교육업체는 본사 교육팀이 따로 있어 본사 교육 사이트에 들어가면 언제든 필요한 강의를 들을 수 있다. 온라인 강의를 통하여 신입 원장에게 필요한 교육 전반의 지식이나 교수법 등을 익힐 수 있다는 장점도 있다.

내가 가맹한 영어 프랜차이즈 업체에서는 파닉스 교수 이론이나 발음 교정 지도안과 같은 리터러시 강의들을 제공한다. 이와 같은 온라인 이론 강의를 이수하고 나면, 학원 운영에 필요한 전산 교육까지도 제공한다. 코로나 이전에 오픈한 나는 1박 2일 오프라인 합숙 교육으로 오픈 전 많은 도움을 받을 수 있었다. 현재는 신입 원장 교육이 Zoom 화상회의를 통해 비대면으로 이루어지고 있는 것으로 알고 있다. 관심 있는 프랜차이즈 브랜드가 있다면 해당 업체에 보다 자세한 문의를 바란다.

수업에 필요한 기초 교수 능력을 갖추었다면, 그다음은 상담 시에 필요한 교육 전반에 대한 이론도 공부하는 것이 좋다. 그래야 교육 전문가라는 신뢰를 얻을 수 있기 때문이다. 도서관에 가서 해당 과목 학습에 관한 책을 읽거나, 교육 잡지 등을 정기적으로 구독하는 것도 도움이 된다. 또, 프랜차이즈 학원의 경우, 본사 연구진들이 교육 동향을 분석하고 정기적으로 교육 세미나를 진행한다. 또, '학관노'(학원관리노하우)와 같은 대형 인터넷 카페에 가입하면, 대입 전형에 관한 세미나들, 각종 교육 전문가 양성 세미나 등을 접할 수 있다. 유료이긴 하지만, 필요하다면 투자로 여기고 자기 것으로 만들면 트렌디한 교육 상담을 할 수 있으니 이를 적극 활용하자.

이러한 이유들 때문에 자신만의 체계적인 커리큘럼이 없고, 실전 경험도 부족해서 자신이 없다면, 프랜차이즈 가맹점으로 시작해보는 것도 대안이다. 가맹 비용이 든다는 단점에도 불구하고, 많은 예비 원장들이 프랜차이즈로 시작하는 데는 그만한 이유가 있지 않을까. 실제로 프랜차이즈로 시작하여 현장 경험과 노하우를 쌓은 다음, 자신만의 브랜드로 독립하는 분들도 많다. 하지만 이와 같은 프랜차이즈 학원 가맹에도 단점이 있으니, 장단점을 잘 따져본 후 결정하기를 바란다.

○ ● ○ ○

교수 능력보다 더욱 중요한 그것?

수업만 해도 되는, 강사와는 달리, 1인학원은 교육 영업을 해야 한다. 내가 가진 교육이라는 서비스를 학부모에게 잘 어필해야 한다는 것이다. 이때 필요한 것이 바로 실무 상담 경험이다. 아무리 내가 관리력이 좋은 사람이라 할지라도, 학생 모집을 하지 못한다면 아무 소용이 없다. 그래서 나는 수업력만큼이나 중요한 것이 바로 상담력이라고 생각한다. 가르칠 대상이 있어야 멋지게 가르칠 것이 아닌가.

성공적인 교육 상담이란 학부모를 설득하여, 신규생 등록으로 연결하는 것을 의미한다. 제한된 시간 안에 상대방을 설득해서 계약으로 연결해야 하는 중요한 과정이라고 말할 수 있다. 제아무리 스펙이 좋고 잘 가르친다고 해도, 신규 상담을 하러 온 학부모의 마음을 사로잡을 수 없다면, 공부방은 일정 수준 이상의 성장을 기대하기 어려울 것이다. 이러한 이유로 창업한 지 2년 3년, 혹은 그 이상이 되어도 학생 모집이 잘 안 되어 고전하는 곳도 많다.

이토록 중요한 상담력을 기르기 위해서 어떤 노력이 필요할까? 상담력을 키우는데 가장 중요한 것은 바로 '경험'이다. 실패를 많이 경험해 보는 것이 상담력을 기르는 지름길이라고 생각한다. 다양한 학부모들을 경험하면서 많이 놓쳐도 보고, 실수도 해보고, 고배도 마셔보는 등의 경험이 쌓이다 보면, 점차 부족한 점을 보완해나가면서 노련하게 상담을 할 수 있게 되는 것이다. 하지만 실전 경험을 쌓기 위해서는 상담 직종에서 일을 해보아야 한다는 시간적 비용이 든다.

내가 신입 원장임에도 불구하고, 상담에 대한 두려움이 적었던 이유는, 실전으로 다져진 경험이 많았기 때문이다. 지금의 상담력을 있게 한 나의 이력은 가정 방문 수업이었다고 단언한다. 소위 '학습지 교사'로 일한 경험이다. 특히, 내가 일했던 방문교육업체에서는 책을 판매해야, 그곳에 수업을 들어갈 수 있는 구조였다. 그렇기 때문에 책을 파는 영업 전선에서 교육 영업에 필요한 스킬들을 기초부터 쌓아 올려야 했다. 보통 몇십만 원에서 몇백만 원 단위를 호가하는 비싼 전집을 판매하면, 그 책들을 가지고 수업을 했다. 방문 수업의 특성상, 전집이 끝날 때쯤, 수업을 계속하고 싶으면 또 다른 전집을 구매해야만 하는 방식으로 이루어졌다.

처음에는, '내가 교사이지 책 장사는 아니잖아. 책까지 팔아야 해? 심지어 연필 한 자루도 팔아본 적이 없는 내가 어떻게 몇십만 원짜리 전집을 팔아?' 하는 부정적인 생각들이 지배적이었다. 수업만 하면 되는 줄 알고 발을 담갔던지라, 영업사원으로의 변모는 당혹 그 자체였다. 그러면서 방문 교사라는 직업 자체에 대한 회의도 들었고, 주위에 내 직업을 떳떳이 말하기가 부끄럽기까지 했다.

하지만 책 자체의 내용보다는 교사가 마음에 들 때, 지갑을 여는 학부모들을 보면서 생각을 달리하게 되었다. 방문 교육이라는 직종은 '단순히 책을 파는 것이 아닌, 나 자체를 파는 것이구나'라는 깨달음을 얻게 되자, 이내 나 자체의 경쟁력을 키우기 위한 노력에 집중하게 되었다. 인기 있는 선생님이 된다면, 그러한 선생님과의 수업을 구매하기 위해 전집 구매는 '과정'이지 '목적'이 되지 않는다는 것을 깨달았기 때문이다. 그러기 위해서는 아이들을 진심으로 아끼고 사랑하며, 즐거우면서도 실력을 함께 늘려주는 수업력을 기르는 것이 우선이었다. 결국, 수업을 잘하는 선생님이 이쪽 분야에서 성공하는 비결인 셈이었다.

'기왕 시작한 거, 서로가 모시고 싶어 하는 최고의 방문 교사가 되어야지.'

이런 마음으로 직업을 받아들이자, 변화가 일어났다. 방문 교사에게 필요한 영업력과 자질을 기르는 것은 기본, 양질의 교육을 위한 수업 연구에 집중하기 시작했다. 업체에서 제공되는 종이 교구재들보다 더욱 흥미로운 수업을 하기 위해 골몰했다. 늦은 밤 아이들을 재워놓고 새벽까지 펠트지, 글루건과 싸우며 흥미로운 수업 교구들을 만들어나갔다.

첫 상담의 두려움을 가질 독자들을 위해, 나의 부끄러운 첫 상담 경험을 공유하겠다. 방문 교사를 하면서 처음으로 상담을 나갔던 이야기이다.

'딩동.'

모르는 사람의 집에 영업을 목표로 방문한 적이 없었던 나에게는 방문 상담은 몹시 낯선 경험이었다. 평생 처음 해보는 '외판원'이라는 낯선 직업을 받아들여야 했기 때문이다.

'그래도 내가 교사인데, 지금 남의 집 문 앞에서 무얼 하는 거지?'

문을 열어주기까지 기다리는 짧은 시간 동안 복잡한 심경들이 스쳐 지나갔다. 그래도 벨을 누른 이상, 물러설 곳은 없었다. '쭈뼛대지 말아야지. 방문 교사 처음인 거 티 내지 말아야지.' 긴장되는 마음을 다잡으며 "안녕하세요?" 자신감 있는 환한 미소로 인사했다.

체험 수업으로 시작했던 나의 첫 교육 상담은 60만 원짜리 전집 두 질을 판매하며 성공적으로 마무리되었다. 정말 짜릿한 경험이었다.

이렇게 시작한 방문 상담에 자신감이 붙으면서 나의 영업력은 더욱 속도를 냈다. 입사 6개월 만에, 교재 판매 수익이 수업료를 추월하기 시작했다. 방문 수업을 시작했을 때, 50만 원의 부수입을 위해 아르바이트로 시작했던 것이, 어느새 300만 원 이상을 벌고 있었던 것이다. 300만 원이라는 수입은 사실상 방문 수업에서 올릴 수 있는 의미 있는 수치이다. 이렇듯 필드에서 직접 부딪히면서 익힌 상담력은 1인학원을 창업하고 자리를 잡는 데에 꼭 필요한 역량이 되었다. 방문 교사로 일하면서 했던 상담 횟수를 헤아려보면 대략 수십 회에 달한다.

2020년 나는 예비 창업자들을 위해 유튜브 채널을 개설하고, 공부방 창업에 필요한 나만의 노하우를 전달하려 애썼다. 리얼한 상담을 보여주고 싶어, 학부모에게 양해를 구하고 실제 상담 영상을 촬영하기도 했다. 수년간 필드에서 익힌 상담 스킬과 암묵지들을 공유함으로써 상담에 대한 막연한 두려움을 없애 드리고 싶었다. 간접 경험치를 높여주고 실전에서 활용케 돕고 싶었다. 실제 상담 시 많은 도움이 되었다는 댓글을 볼 때, 뿌듯함이 밀려온다.

상담은 팽팽한 심리전이다. 이 같은 총알 없는 전쟁에서 승리하기 위해서는 수많은 연습과 스킬들이 필요하다. 상담력 강화에 도움이 되는 실전 스킬은 뒤쪽에서 따로 언급하겠다.

공부방 vs 교습소, 나에게 맞는 건?

창업 결심이 섰다면 이제 사업계획 수립을 위한 몇 가지 의사 결정을 할 차례이다.

가장 먼저 결정해야 할 것은 '개인 브랜드로 창업할 것이냐, 프랜차이즈 가맹 계약을 맺고 브랜드와 시스템을 차용할 것이냐'이다.

이때 두 방식은 각각의 장단점이 있으니, 꼼꼼히 잘 따져보고 선택을 하는 것이 좋겠다. 아래에 각각의 장단점을 비교해 보고, 나에게 맞는 사업은 어떤 형태 일지 생각해 보자.

- ## 개인 브랜드와 프랜차이즈 장단점

개인 브랜드

장점
커리큘럼 구성의 자율성이 있다. 스피킹을 강화하고 싶다면 스피킹 강화 프로그램으로 구성하면 되고, 여러 가지 교구 및 게임 등을 통해 즐겁게 수업을 구성하고 싶다면 자신이 지향하는 수업에 중점을 두어 프로그램을 구성할 수 있다.
교재선택의 자율성이 있다. 자신이 평소 신뢰하고 좋아하는 외부 교재들을 자체 구입하여 수업을 진행할 수 있다. 가령, 영어의 경우, 흥미롭게 문법을 가르치고 싶다면, 시중의 교재 중 만화 문법책을 고르거나, 뮤지컬 교재 등을 도입하여 수업할 수도 있다.
수업 시간표를 짤 때 자율성이 있다. 월·수·금 100분을 하든, 주 5회 매일반을 하던 자유이다. 주 3회만 운영을 하고, 나머지는 쉬어도 된다는 뜻이다. 자신의 라이프 스타일에 맞추어 효율적인 수업 시간표를 짜고, 자율적으로 운영해도 무방하다.
매월 교육비로 받는 수입이 100% 자신의 몫이다. 상가를 얻어 개인 브랜드 교습소를 차리는 경우라면, 고정 지출은 상가임대료와 관리비뿐이기 때문에, 그를 제외한 나머지는 고스란히 순수익이 된다.

단점

브랜드 파워가 약해서, 광고 홍보 효과가 약하다. 개인 브랜드를 키우고 성장시키는 데는 많은 시간이 들어간다. 전문적인 브랜딩이 쉽지 않은 것을 생각할 때, 입소문이 나고 동네에 각인이 되기까지 인내심을 필요로 한다.

자신만의 커리큘럼 설계가 어렵다. 외부 프로그램을 활용하다 보면, 다양성은 있으나, 체계가 없이 복잡한 프로그램을 운영하게 될 가능성이 있다. 이것을 결국, 재원생 학부모께 만족감을 저하시키는 결과로 이어지기 쉽다.

1대 다수 수업을 동시에 할 수 있는 체계적인 시스템이 없으면, 1인 원장 체제에서 관리할 수 있는 학생 수에 한계가 있다. 주로 개인 공부방에서는 코칭이 아닌, 그룹 티칭을 하는데 이 경우, 혼자서 30명 이상 수업을 하기가 어렵다. 이는 교습소 규모나 수입과 직결되는 부분이어서 매우 중요하다. 비유하자면, 수제버거집과 패스트 푸드 햄버거 가게에서 하루에 수용할 수 있는 손님의 수는 현저히 차이가 난다. 이는 시스템이 있고 없고의 차이 때문이다.

혼자서 교육사업을 하기 때문에 외로울 수 있다. 고민이나 어려운 점을 함께 나눌 동료가 없고, 특히나 사업을 운영하는 데 동기를 유발하거나, 이끌어주는 선배, 본부가 없어 잘되지 않을 때 쉽게 슬럼프에 빠질 수 있다.

프랜차이즈

장점

브랜드 파워로 인해, 신규 문의 및 신규 등록률이 높다. 본사 광고 홍보팀이 다양한 방식으로 브랜드를 홍보하고 광고해주고 있어, 브랜드 파워가 큰 프랜차이즈일수록, 인터넷 검색 엔진 등을 통해 쉽게 신규 문의가 들어온다.

본사 차원의 교육 영업 전략 및 프로모션의 혜택을 받을 수 있어 든든하다. 시시때때로 본사에서 부서별 연구 인력들이 시장 동향을 연구하고 이에 발맞춘 상품개발을 지속적으로 해주기 때문에 회원들에게 트렌디한 교육 서비스를 손쉽게 제공할 수 있다.

같은 프랜차이즈를 운영하는 지역별 거점 원장들이 곧 동료이자 선후배들이다. 동료 원장들과의 커뮤니티를 통해 서로 교류하면서 지속적으로 도움을 주고받을 수 있어 외롭지 않다.

커리큘럼 및 시스템이 체계적이어서 많은 수의 학생들을 원장 혼자서도 관리할 수 있다. 본사에서 제공하는 영상 강의를 통해 공부하도록 하고 학습한 것을 관리만 해주면 된다. 따라서 원장이 목 아프게 직접 티칭할 필요가 없고 학습 코칭 역할만 해주면 된다. 혼자서도 강사를 두지 않고 40명 이상 커버할 수 있다.

본사 지원팀이 항시 열려 있어, 운영상 어려움이 생기면, 언제든 본사에 전화해서 도움을 받을 수 있다. 가령 학습관리 시스템에 문제가 생기면 실시간으로 콜센터 상담원에게 지원받을 수 있고, 어학 기기에 문제가 생기면 기술지원팀이 원격으로 접속하여 문제를 해결해준다.

단점

초기 가맹 계약 시 가맹비를 내야 한다. 보통 프랜차이즈 교육사업의 경우 초회 계약 시 1회에 한해, 가맹비를 내며, 금액은 브랜드별로 차이가 있다.

초기 가맹비 이외에도, 매월 프랜차이즈 브랜드 이용료를 본사에 지불한다. 보통은 교재비 명목으로 과금되며 학생 한 명당 얼마, 이런 식인데 이 또한 브랜드별로 천차만별이니, 꼭 사업 설명회 등을 다니면서 매월 내는 비용과 지원받을 수 있는 혜택 등이 무엇인지 꼼꼼히 비교하는 것이 좋다.

교재선택의 자유가 없다. 프랜차이즈 교재 개발팀에서 개발한 교재를 써야 한다. 따라서 교재의 퀄리티가 중요하다. 교재 디자인과 구성이 아이들의 흥미와 이해를 도울 만한지, 일일 학습 분량이 적절한지, 난이도는 적당한지, 워크북과 같은 부가 교재들을 활용하여 관리할 때, 많은 도움을 줄 수 있을지 등의 관리 시의 활용도에 초점을 맞추어 점검해보자.

본사 차원에서 지역별로 거점 간 영업 거리를 관리, 확보해 주기 때문에, 원하는 곳에 이미 다른 거점이 입점되어 있다면 사업 승인이 나지 않는다. 원하는 곳에서 사업을 하지 못할 수도 있다. 특히나, 공부방을 차리려던 예비 창업자라면, 집을 이사하지 않는 한은 계획대로 공부방을 차릴 수 없다. 이 경우, 본사의 승인이 날 수 있는 곳으로의 이사를 해야 하거나, 멀리 출퇴근을 해야 하는 곳으로 상가를 얻어야 가맹이 가능할 수도 있다.

간판이나 홍보물 등을 마음대로 바꿀 수 없다. 내부 인테리어 시에도 본사의 CI를 사용하고, 본사에서 제공하는 AI 디자인 파일을 사용하여 광고 홍보물 등을 활용하여 만들었는지, 창업 후 사진을 찍어 보내는 등의 관리 규제 등을 받는다.
계약 후 계약서에 명시된 사항을 이행하지 않을 시, 가맹 계약 해지를 당할 수도 있으며, 이때 보통 거점 원장에게 불리한 쪽으로 흘러갈 수 있음을 인지해야 한다. 가맹비 환불이나 창업에 들어간 인테리어 비용 등의 손해배상 등을 청구할 수 없을 확률이 높으니, 계약서를 꼼꼼하게 읽어보고 계약해야 한다.

개인 브랜드를 할지, 프랜차이즈 가맹을 할지 결정했다면, 이제 공부방을 할 것인지, 교습소 형태로 할 것인지를 선택해야 한다. 선택하기에 앞서, 두 가지 형태의 차이점을 구분해보자. 먼저, 공부방과 교습소는 사업주소지 건물의 건축법상의 용도에 따라 구분한다.

공부방은 개인과외교습자 신고를 한 후 건물의 용도가 '주택'인 곳에서 교습을 하고, 교습소는 '교습소 설립 운영허가신고'를 한 후, '상가'에서 사업을 하는 형태를 말한다. 이때 교습소 상가 건축물의 용도가 '제2종 근린생활시설 교육연구시설*'이어야 하며, 공동주택 (아파트, 연립주택, 다세대주택), 오피스텔에서는 불가능하니 이점을 유의하자

건축물의 용도 이외에도 교습 장소를 선정 시 고려해야 할 사항이 많다. 3층 이상의 층인 경우, 그 층의 거실 바닥면적(전용면적)의 합계가 400㎡ 이상일 때는 피난층 또는 지상층으로 통하는 직통 계단을 2개소 이상 설치하였는지를 반드시 확인해야 한다. 또한 부동산에서 상가 건축물 관리대장을 확인하고 불법 또는 위반 건축물인지 또는 지하인지 꼭 확인하자. 그렇지 않으면 교육청에서 허가해주지 않는다. 모르고 이미 계약을 해버린 상태라면, 건축물의 용도를

---

* 제2종 근린생활시설: 주택가와 인접해 주민들의 생활 편의를 도울 수 있는 시설을 말하는 것으로, 공연장, 종교집회장, 금융업소, 사진관 등을 포함한다. 보통 학원 및 교습소는 건축물의 용도가 이에 속한다.

변경해야 교육청의 허가를 받을 수 있는데, 용도 변경은 시간과 비용이 들어 사업 비용이 추가로 발생한다. 따라서 임대차 계약을 하기 전에 반드시 관할 교육청에 교습소 담당자에게 주소를 알려준 후, 교습소 설립에 문제가 없는 곳인지를 꼭 먼저 확인하자.

또한 교습소 설립은 동일 건물 내에 교육환경 유해업소가 없어야 하니, 다음과 같은 업종이 있지는 않은지 미리 확인하자.

- 극장, 총포 화약류 및 액화가스 5t 이상 제조장 및 저장소, 주유소
- 성인용 및 아동용 전자오락실, 비디오방, 전화방, 성인용품판매소
- 카바레, 스탠드바, 노래방(동전노래방 포함), 단란주점, 유흥종사자를 고용한 술집, 무도장, 담배자판기, 인형뽑기 가게, 무도학원
- 호텔, 여관, 여인숙, 안마시술소, 목욕탕 중 증기탕
- 위험물 취급업소, 전염병 요양소, 쓰레기 집하장
- 기타 교육환경유해업소(학교보건법 제6조 제1항 및 동법시행령 4조의 2 참조)

또, 교습소 시설은 칸막이가 있을 경우, 반드시 불연재를 사용해야 하고, 소방법령에 따른 소방시설을 갖추어야 한다. 교습소 내에

3.3kg 이상의 소화기를 비치해야 하고 면적에 따라 추가 배치해야 한다(33㎡당 1대).

교습소와 공부방의 행정적 구분은 다소 어렵게 느껴진다. 간단히 요약하면, 교육청에 개인 과외 교습자 신고 후 집에서 하면 공부방, 교습소 설립 및 운영 신고를 하고 상가를 얻어 나가면 교습소라고 생각해도 무리가 없다.

교습자가 알아야 할 사항

- 교습소는 1인이 1개소에서 1과목만을 교습하여야 함
- 일시 수용인원은 9인(피아노 교습은 5인) 이하일 것
- 강사를 둘 수 없음. 다만, 교습자가 출산 또는 질병 등의 사유로 직접 교습할 수 없는 경우에는 교육장이 정하는 바에 따라 신고 후 임시 교습자를 둘 수 있음
- 보조요원 1명은 채용 가능하나 보조요원의 교습행위(채점 등)는 불가함

- **공부방과 교습소 장단점**

공부방

장점	단점
창업비용이 낮아(상가임대보증금이 없으므로), 투자금 부담이 적다.	옥외 간판 등이 없으므로, 광고나 홍보가 쉽지 않다.
매월 고정지출(상가임대료 및 관리비)이 적으므로 순수익률이 높다.	집에서 하다 보니, 교습소에서 하는 것보다, 비전문적인 이미지를 줄 수 있다.
재택근무로 인한 출퇴근 비용절감(유류비, 교통비, 시간 절약).	생활공간과 업무공간의 공존으로 인해 가족들에게 불편함을 준다. 가족들의 희생이 필요하다.
자녀 보육과 교육 가능. 즉, 일하면서 자녀들을 함께 돌볼 수 있다. 빈집에 아이들끼리 두지 않아도 되고, 원한다면 함께 교육을 시킬 수도 있다.	매일같이 다수의 학부모와 학생들이 내 집에 오다 보니, 쉽게 집이 더럽혀지고 청소 스트레스가 가중된다.

교습소

장점	단점
통일된 CI로 인한 옥외 간판이 있어 가시성이 높고, 이로 인한 홍보 효과가 크다.	옥외간판과 실내인테리어 비용 등이 추가되어 창업비용이 늘어난다.
학생들 출입 시 발생하는 소음과 이로 인한 이웃 주민들의 각종 민원이 없다.	창업 시 임대보증금과 월 임대료를 내야 하므로, 창업비용과 고정비용이 많이 들어간다. 이는 학원 운영의 수익률과 직결되므로, 공부방보다 수익률이 낮다.
공부방에 비해 보다 전문적인 이미지를 구축할 수 있다. 학부모 설명회 및 상담 시에 학부모들에게 전문 교육 기관이라는 신뢰를 줄 수 있다.	냉장고를 둘 수 없어, 여름철 간식 등의 음식물 보관이 쉽지 않고, 정수기와 냉난방기기를 추가 구입해야 한다.
전기요금 등의 상가 할인을 받는다. 주택용이 아닌 상가용 요금으로 적용받는다. 학생들의 쾌적한 학습 환경을 위해, 냉난방기를 매일 틀어야 한다는 점에서 냉난방비를 크게 절감할 수 있다.	상가의 주인, 즉 임대인과 재계약 연장 혹은 권리금 등의 법적 문제 및 기타 소소한 갈등이 생길 수가 있다.

○●○●

그룹수업 vs 개별맞춤수업, 수업 형태 결정하기

공부방으로 할지 혹은 교습소로 할지, 또, 개인 브랜드로 할지 프랜차이즈 가맹을 할지를 결정했다면, 다음은 학습관리 유형을 고민해볼 차례이다.

1인학원의 학습관리 유형은 두 가지로 대표된다. 첫 번째는 칠판을 놓고 수업하는 그룹 티칭식 수업이고, 두 번째는 각자 다른 교재로 다른 강의를 듣는 개별맞춤식 학습 형태이다.

각기 장단점이 있으므로, 먼저 세세히 살펴보고 결정하도록 하자. 학습관리 방식은 학원의 정체성을 결정짓는 중요한 요소이다. 그러므로 학원을 광고할 때나 학부모와 상담할 때, 이 부분을 명확히 한 후, 오픈해야 한다. 학부모 상담 시에, 가장 많이 하는 질문이 "여기는 어떤 방식으로 가르치나요?"이기 때문이다.

혹은 "여기는 시간 타임별로 같은 학년들을 수업하나요, 아니면 각자 원하는 시간에 나와도 되나요?" 등과 같은 유형의 질문도 받게되는데 결국은 다 같은 질문이다. 이런 질문의 요지는 "이곳의 수업 방식은 그룹수업인가요, 아니면, 개별맞춤식인가요?"이므로 이에 맞춰 답변하면 된다.

그룹지도의 장점은 크게 다음의 몇 가지로 요약할 수 있다.

첫째, 효율적인 학습 지도가 가능하다는 점이다.

1대 다 수업을 그룹을 지어 하면 여러모로 효율적이다. 수업 설계를 할 때도, 수업 준비를 할 때도 같은 교재, 같은 학습물을 동시에 여러 개 준비하면 되므로 집약적인 노동이 가능하다. 숙제도 동일하고, 따라서 숙제 검사도 동시에 할 수 있어 효율적이다. 교사가 정답을 한번 불러주면, 여러 명의 학생이 동시에 채점을 하면 되기 때문이다. 이처럼 그룹지도는 동시에 같은 내용을 가르치는 형태이기 때문에 수업 구성 또한 다양하게 할 수 있다. 교사가 지도하기 편하거나 좋다고 생각하는 교재들을 자유롭게 선정하여 진행할 수 있고, 영어의 경우 월, 수, 금은 문법, 화목은 리딩, 이런 식으로 자유롭게 짤 수 있어 균형 있는 학습을 돕기에도 효율적이다. 또 일주일에 하루 정도는 교재 수업을 빼는 대신, 교구나 학습 게임 등을 통해 흥미롭게 수업을 이끌어 나갈 수도 있다.

하지만 그룹수업이 좋기만 한 것은 아니다. 가장 큰 단점은 그룹 간의 학습 편차이다. 그룹핑을 대개는 학년별로 하거나, 혹은 동 학년이라 할지라도 레벨테스트를 통하여 멤버들을 구성한다. 그럼에도 불구하고 이들 간에도 학습을 잘 따라가는 친구가 있는가 하면, 넘치는 친구도 있고, 수업을 따라가기 힘든 친구들로 나뉘게 된다. 빠른 친구들에게 수업을 맞추면, 후진 그룹 친구들의 낙오가 예상된다. 그렇다고 느린 친구들에 맞추어 진도를 천천히 나가거나 복습을 반복하면, 빠른 친구들의 성장을 저해하게 된다. 이 때문에 많은 강사들은 중간 그룹에 맞추어서 진도의 빠르기나 학습 난이도, 숙제량 등을 평균 수준으로 결정하는데, 이 방법은 다수를 위해 소수를 희생시키는 결과를 낳고야 만다.

그룹수업의 두 번째 장점은 학생들 통솔이 쉽다는 점이다.

학생들이 선생님에게 주목하고 있기 때문에 교사가 많은 아이들을 동시에 통솔하기가 쉽다. 졸거나 열심히 수업을 따라오지 않는 친구들을 파악할 수 있고, 1대 1 랜덤 질문들 통하여 수업 집중도도 파악하기 쉽다. 또, 아이들에게 문제를 풀게 하거나 수업 미션을 주면서 그동안 교사는 일정 시간 휴식을 취하거나, 휴대폰으로 수업하는 모습을 촬영하기도 편하여 이를 홍보에 활용하기도 좋다.

이처럼 통솔하기 편하다는 장점도 있지만, 이면에는 지적받는 학생들로 인해, 열심히 하는 학생들까지 함께 싫은 소리를 들어야 하고, 이로 인해 그룹 전체가 수업 분위기에 영향을 받는다는 단점이 있다. 또, 열심히 하는 친구의 질문 공세가 있을 경우, 수업이 빨리 끝나기를 희망하는 다른 친구들의 원성을 살 수도 있고, 반대로 숙제를 안 해 오거나 옆 친구에게 장난을 거는 등의 불성실한 태도를 제재하는 동안, 열심히 하는 친구들의 학습 흐름이 끊어질 수도 있다.

이처럼, 그룹수업은 장점도 있지만, 결코 간과할 수 없는 단점들도 존재한다. 구성원들과 선생님과의 호흡이 잘 맞으면 그룹수업은 시너지를 얻어 동반 성장할 수 있으나, 그 반대의 경우 수업이 산으로 가고 악만 지르다가 한숨으로 얼룩진 수업으로 종료할 수도 있는 것이다.

그렇다면 개별맞춤수업은 어떠할까?
앞에서 살펴본 그룹수업의 단점을 보완하여 대안으로 삼을 수 있는 것이 바로 개별맞춤 지도안이다. 개별맞춤 지도법은 학년에 관계없이, 철저하게 본인의 학습 능력에 맞추어 교재 난이도를 결정하고, 진도를 결정한다. 따라서 같은 학년이라도 교재가 각자 다를 수 있으며, 진도 또한 다르게 할 수 있다. 소화 흡수력이 빠른 친구들은 그만큼 빠르게 진도를 나갈 수 있고, 다소 느린 친구들은 복습을 위주로 천천히 진도를 뺄 수 있다. 따라서 학습량이나 숙제량도 개별적으로 나가게 되고, 다른 학생들 간의 학습 편차로 인해 낙오하는 경우도 없다. 이와 동시에, 더 많이 배우고 싶은 학생들의 학습 욕구도 동시에 달성시킬 수 있어 이상적인 대안이 되어준다.
다만, 개별지도방법은 관리 시스템이 잘 갖추어지지 않은 곳이라면 교사 혼자 같은 내용을 반복적으로 설명해야 할 수도 있기에 주의가 필요하다. 1인학원을 운영하는 다수의 학원들은, 이러한 인력적인 한계를 극복하기 위해 아르바이트 보조 직원을 채용한다. 하지만 이들의 교습 행위는 법으로 금지되어 있으므로, 어디까지나 사무 보조요원의 역할만을 부여해야 한다. 결국, 혼자서 관리할 수 있는 인원의 한계 때문에, 정원을 마감하고 대기를 시켜야 하는 현실적 한계에 봉착하게 된다.

이는 그룹 지도도 마찬가지이다. 공부방의 그룹 지도도 시간당 최대 9명이나, 학부모들이 1대 9는 많다고 생각하기 때문에, 적정 인원은 1대 6에서 8명 정도가 적당하다. 따라서 클래스별로 한정된 수의 학생만을 지도할 수밖에 없게 된다. 예를 들어 1시부터 7시까지 총 6 클래스를 운영한다면, 6×6는 36. 그러니까 최대 40명밖에는 가르칠 수 없다는 한계를 가지는 것이다. 기업의 목표가 이윤 추구라는 점에서, 수강생 관리 여력을 40명까지로 한정 지어야 한다면, 그 이상의 비전은 그릴 수 없을 것이다.

이 때문에, 나는 그룹지도보다는 개별지도를 선호한다. 그 이유는, 동 시간에 그룹지도보다 훨씬 더 많은 학생을 지도할 수 있기 때문이다. 개별지도를 하게 되면 타임별로 정해진 학생들이 등원을 하는 것이 아니라, 각자 편한 시간에 등원을 하게 된다. 그러므로 5분 간격, 10분 간격으로 등원하게 되고, 각자 한 시간이 지나면, 차례로 하원을 한다. 즉, 다음 친구들과 겹치지 않고 로테이션이 된다는 뜻이다. 식당으로 따지면 테이블 회전이 차례로 되기 때문에 시간당 인원을 더 받으면서도, 관리는 더욱 맞춤형으로 할 수 있어 좋다.

혼자서 60명 70명을 관리하는 원장들은 모두 개별지도 방식으로 지도한다. 하루에 같은 시간을 운영함에도 1.5배 더 많은 학생들을 지도하는 것이 가능해지는 방안이다. 그러니 가능한 많은 친구들을 등록시키고, 나아가 학원으로도 확장하고 싶은 포부가 있는 분이라면, 개별지도방식으로 운영하는 게 좋을 것이다. 원생 증가로 인한 관리력은 그에 맞추어 성장시켜 나가면 될 것이고, 학원으로 확장하게 될 시에는 강사를 고용하면 될 일이다.

소수 정예의 고퀄리티 그룹 지도를 할 것인지, 1대 다의 개별맞춤 수업을 할 것인지의 문제는 마치, 수제 햄버거 가게와 맥도날드 창업을 고민하는 것과도 같다. 본인의 교육 철학과 사업 목표에 따라 자신에게 맞는 방식을 선택하면 될 것이다.

○ ○ ○ ●

1인학원 형태에 따른 창업 예산 짜기

사업의 형태를 결정했다면, 이제 발로 뛰자.

가장 먼저 해야 할 일은, 창업자금 조달 계획을 세우는 일이다. 1인학원의 창업비용은 사업의 형태에 따라 차이가 크게 난다.

창업자금은 크게 임대보증금, 가맹비, 가구 구입 및 간판 인테리어비, 영어의 경우 어학기 및 PC 등의 전자제품 구입비, 홍보비 등이다. 이 중에서 개인 브랜드라면 가맹비 및 어학기 구입비는 들어가지 않으니 예산에서 제외해도 좋다. 또한, 공부방이라면 1인학원 창업비용 중 가장 큰 비중을 차지하는 상가임대보증금이 제외된다. 거기에 개인 브랜드의 공부방이라면, 가맹비도 들어가지 않으면서 상가도 임대할 필요가 없으므로, 1백~2백만 원 정도의 소액만 있어도 창업을 할 수가 있다. 이처럼 자택에서 시작하는 공부방의 경우에는 초기 창업비용이 많이 들지 않는다.

반대로, 프랜차이즈 가맹 교습소의 경우 1인학원 창업 형태 중에 가장 큰 비용이 나간다. 상가 임대보증금도 마련해야 하고, 프랜차이즈 가맹비도 내야 하고, 또 영어의 경우 본사에서 판매하는 어학기도 구매해야 한다. 본사에서 요구하는 디자인으로 간판도 해야 하고, 교습소 내외부 사인물도 제작해야 한다.

이처럼, 자택에서 시작하는 공부방의 경우에는 초기 창업비용이 많이 들지 않는다. 하지만 교습소의 경우에는 상가를 임대해야 하므로 임대보증금이라는 목돈을 예상해야 한다. 임대보증금은 지역에 따라 큰 차이가 있기에 얼마라고 단정 지어 말할 수는 없다. 교습소 오픈을 원하는 지역의 부동산에 방문하여 최소 규모인 9평 정도의 상가 매물이 있는지 직접 알아보자. 바닥 권리금(이전 점포 임대인에게 내야 하는 자릿세)이 있는지, 있다면 얼마인지, 또 임대보증금은 얼마인지, 월 임대료는 얼마인지 등을 알아보면 된다.

이때 부동산은 한 군데만 가지 말고, 그 일대의 부동산을 두세 군데쯤 방문하고, 중개업자가 객관적으로 중개할 수 있는 곳을 잘 선택하는 것이 좋다. 이때, 매물을 내놓은 상가주, 즉 임대인에 대해 잘 알고 있거나 친하다고 여겨지는 곳은 피하자. 아무래도 임대인의 편에 서서 한쪽으로 치우치는 중개를 할 게재가 있기 때문이다. 이는 향후 상가 계약이나 각종 분쟁 조정 시 임차인에게 불리하게 작용할 수도 있다.

창업비용 중 두 번째로 잡을 예산은, 프랜차이즈 브랜드일 경우, 가맹 계약비 항목이다. 이 또한 브랜드별로 계약금이 다르며, 보통 초회 1회에 한해, 지불한다. 가맹비는 100만원~200만원 사이를 예상하면 될 것이며, 업체에 따라 가맹비 면제 등의 프로모션 등을 하기도 하니, 직접 문의를 해보자. 사업설명회의 일정 등을 안내받고 그 안에서 구체적인 비용, 지원 범위 등도 상세히 안내받을 수 있을 것이다.

요즘은 코로나 감염병 확산으로 인해, ZOOM 화상회의 앱 등을 통한 온라인 창업 설명회로 대체하기도 하니, 집에서 편하게 창업에 관한 정보를 얻을 수도 있다.

영어 프랜차이즈 대표 브랜드별 문의처
　　윤선생 1588-0594
　　뮤엠영어 1544-1010
　　삼성영어 02-3470-6800
　　3030영어 1661-3035
　　해법 영어 1577-5105
　　한솔플러스 영어 1577-7435

다소 복잡하게 느껴진다면, 다음의 창업 케이스별 예산 항목을 확인해보자. 기타 물품들은 [1인학원 창업, 물품 구매 리스트] 라는 이름으로 부록에 따로 실어두겠다.

	개인 브랜드		프랜차이즈 브랜드	
	공부방	교습소	공부방	교습소
임대보증금		★		★
가맹계약금			★	★
간판		★		★
유리창 필름시공	★	★	★	★
3개월 치 임대료		★		★
어학기 서버 (영어)			★	★
어학기(영어)			★	★
기타 물품 (멀티 책장, 다인용 책상, 1인용 책걸상, PC 1대 이상, 칠판, 정수기, 공기청정기)	★	★	★	★

　　창업비용 항목들을 표에서 보다시피 개인 브랜드인지, 프랜차이즈 브랜드인지, 또 공부방인지 교습소의 형태인지에 따라 예산 품목이 모두 다르다. 별표가 많을수록, 그만큼 창업비용이 많이 든다고 생각하면 된다. 보다시피 가장 소액으로 창업할 수 있는 형태는 개인 브랜드 공부방이다. 인테리어라고 해보았자 고작 유리창에 공부방임을 알리기 위한 필름 시공 정도만 하면 되기 때문이다.

각 항목의 비용을 어림잡기에는 지역별, 업체별 견적이 모두 다르므로 각자 전화해서 알아보자. 위의 항목들 중, 선택사항인 것이 있다. '3개월 치의 임대료' 항목이 다. 사업을 오픈하고 바로 학생 모집이 안 될 최악의 경우, 임대료를 내면서 버텨야 하는 기간이 생긴다. 첫 달부터 학생 모집이 되면 좋겠지만, 특히나 개인 브랜드일수록 브랜드 인지도가 낮은 탓에 학부모들의 관심과 신뢰를 끌기가 쉽지 않다. 그래서 공부방이나 교습소가 생겼다는 것이 주변에 알려지고, 학부모들 사이에서 회자되려면 물리적인 시간이 소요된다.

'어? 여기 새로운 학원 생겼네?'라고 인식되는 데만도 적어도 한 달 정도는 걸린다. 여기에 다른 사람에게 '학원 새로 생겼던데 한번 같이 알아보러 갈까?' 하고 엄마들끼리 얘기를 나누기까지 또 한 달, 그리고 직접 전화로 문의하고, 상담을 잡기까지 또 어느 정도의 시일이 걸린다. 그래서 석 달 정도는 임대료를 내면서 버틴다고 생각하고 시작을 해야, 조급해하지 않는 상담을 할 수 있고, 학생 모집에서 좋은 결과를 이끌 수 있다. 그래서 석 달 치의 임대료를 창업비용 예산에 포함하는 게 좋다.

나의 경우, 오픈한 달에 5명의 학생이 등록하면서, 상가임대료를 충당할 수 있었다. 그 덕분에 오픈 이후 단 한 번도 마이너스 운영을 한 적이 없었다. 지금 생각해보면 사업이라는 것이 적자도 나 보고, 쓴맛도 보면서 거쳐왔다면 더 큰 인생 경험을 했겠지만, 그 당시에는 어려움 없이 사업을 정착시킨 것이 더 없이 감사했다.

Part 02.
How to set up

실전 창업 준비하기

★ ★ ★ ★ ★ ★ ★ ★ ★ ★ ★ ★

○ ● ○ ○

1인학원 설립을 위한 행정 절차

요약

단계 01. 교육청 신고하기-공부방은 개인과외교습자 신고, 교습소는

교습소설립운영허가 신고

단계 02. 사업자등록 하기(관할 세무서)

단계 03. 학원 책임 및 배상보험 가입

단계 04. 사업장 오픈 후, 사업자현황신고 및 소득세 신고하기

단계 01. 교육청 신고

공부방 및 교습소는 부가세 면세사업자로 분류된다. 그렇다고 해도 소득세에 대해서는 어김없이 과세대상자이다. 그러므로 매년 1월경, 세무서에서 면세사업자 사업장현황신고 안내문을 발송하는데, 홈택스를 이용하여 스스로 신고할 수도 있고, 복잡하고 자신이 없다면 세무사무소에 의뢰를 하자. 수수료를 내지만, 전문가를 통해

자신이 모르는 경비나 공제를 처리함으로써 내야 할 소득세가 세무사 수수료 이상으로 더 많이 줄어들므로 맡길 만하다.

– 개인과외교습자 신고

개인과외교습자란 학원 설립 운영 및 과외교습에 관한 법률(학원법)에 따라 학생 또는 시험 준비생에게 지식, 기능, 예능을 학생 또는 교습자의 주거지인 주택이나 주택공동시설에서 가르치는 자로 정의된다. 신고를 안 할 시에는 1년 이하의 징역 또는 5백만원 이하의 벌금에 처한다. 과외 소득을 투명하게 책정하고, 이에 따라 소득세를 부과하기 위함이다. 단, 대학 및 대학원에 재학 중인 학생은 신고 예외이나, 휴학생, 졸업생, 혹은 입학 예정자는 신고해야 한다.

신고 방법은 관할 지역교육청에 방문 혹은 우편 신청이 있는데, 학원의 설립 운영 및 과외교습에 관한 법률 시행규칙, 별지 서식 22호를 작성하고 다음과 같은 서류들을 첨부하여야 한다.

개인과외교습자 신고 시 첨부서류

- 신분증
- 최종학력증명서 1부(주민센터 FAX 민원 신청하면 3시간 이내 송달)
- 자격증사본(해당자에 한해)
- 증명사진(3×4cm) 2매
- 주민등록표 등초본(행정정보공동이용에 동의하는 경우, 담당공무원이 전산상으로 확인 가능하기 때문에 준비하지 않아도 된다.)

- 교습소 설립운영 신고

교습소 설립운영 신고는 개인과외교습자 신고보다 훨씬 더 까다롭게 진행된다.

구비서류

교습소 설립운영신청서 1부(교육지원청 비치)

교습소 시설의 사용권 증명서류(임대차계약서 1부)

교습자 자격(최종학력증명서 및 자격증) 등을 증명하는 서류

교습자 주민등록증 사본 1부 혹은 신분증

교습소 건축물대장 등본 1부

교습소 시설평면도 1부

교습자 증명사진(3×4cm) 2매

성범죄 경력조회 및 아동학대 관련 범죄경력조회 동의서 1부

Tip 1. 서류신청 시 주의점

1. 교육청 신고서 양식에 한자로 이름을 작성하는 난이 있다. 별로 쓸 일이 없어 한자를 잊어버린 경우, 당황할 수 있으니, 미리 알고 가자.

2. 신청 양식은 다음과 같은 내용이 포함되어 있다
   - 개인과외교습자의 성명, 주민번호, 주소, 학력, 전공, 자격 및 경력
   - 교습과목
   - 교습비(시간당 교육 단가를 적어내야 하므로 운영시간을 정한 후 책정해 둔 교육비를 미리 계산해가는 것이 좋다. 시간당 교육 단가는 교육비 나누기 월 수업 일수, 여기서 또 학생 한 명당 일일 수업시간으로 나누어 계산할 수 있다. 예를 들어, 교습비가 20만원이고, 월 수업 일수가 주 3회라서 12일일 때, 일일 교육 단가는 200,000/12=16,666원이 되고, 여기서 일일 수업시간을 90분이라고 한다면, 16,666/1.5시간=11,111원이 된다. (이때, 담당 교육청마다 과목별로 시간당 교습 단가가 다르게 책정되어 있으므로, 전화로 확인하자)
   - 교습 개시일(오픈일자)을 지정해야 하므로, 미리 오픈 일정을 잡아두어야 한다.

문제없이 서류 제출이 되면, 신고처리기한 3일 안에 신고 완료 안내 연락이 온다. 이 때, 등록증을 받으러 가기 전에 한 가지 더 해야 할 일이 있다.

교습면허세를 납부하는 일이다. 지방세법 제165조에 의해 세무서를 방문하여 5종 12호 면허에 해당하는 면허세를 납부해야 한다. 면허세는 군 4,500원, 기타 시 7,500원이다. 면허세 납부영수증을 가지고 교육청에 재방문하면 빛나는 〈신고필증〉을 손에 쥐게 된다. 교습운영허가증은 손상되지 않도록 액자에 잘 보관하여 교습소 내부의 잘 보이는 곳에 게시하도록 한다.

추가 문의사항이 있을 경우, 정부민원안내 콜센터 국번없이 110(365일 24시간) 혹은 정부24 콜센터 1588-2188(9:00-18:00 평일)을 이용하자.

단계 02. 사업자등록 하기

학원을 설립한 후에는 사업개시일로부터 20일 이내에 사업장 관할 세무서에 가서 사업자등록을 신청해야 한다. 신청 시 준비해 갈 것은 신분증, 교습신고확인증이며 교습소의 경우 사업장 임대차계약서, 상가 도면 등이 추가로 더 필요하다. 세무서에 비치된 사업자등록 신청서에는 사업자 인적사항, 사업자등록 신청사유, 사업 개시 연월일 등을 기재하여 제출한다.

만일, 세무서에 가기 번거롭다면, 국세청 홈페이지 홈택스를 이용하여 온라인으로 등록 신청을 할 수도 있다. 온라인 신청은 비교적 까다롭게 느껴질 수 있으니, 복잡한 것이 싫다면 방문 신청하는 것을 권한다.

단계 03. 학원보험 가입

학원 인가 후 14일 이내에 학원에서 일어난 사고에 대해 보상받을 수 있는 책임 보험에 들어야 한다. 대인배상이 1인당 1억원 이상이어야 하며, 1인당 의료 실비는 최소 3천만원 이상이어야 한다. 보험가입 계약서는 교육청에 직접 제출해도 되고, 팩스로 보내도 된다. 미가입하거나, 신청기한으로부터 하루만 늦게 가입하더라도 300만원의 과태료가 부과되니 반드시 챙기도록 하자.

모든 손해, 화재 보험사에서 다 가입 가능하며, 학원안전공제회 홈페이지에서도 가능하다. 나는 농협은행에 방문해서 가입했다. 방카슈랑스가 되니 굳이 보험사를 통하지 않고 은행에서 가입이 가능해 편리했다. 학원보험 가입 시에는 상가의 주소, 교육청에 신고된 학원 면적 등의 수치 등을 기입해야 하니, 임대차계약서를 가지고 은행에 가면 신청서 작성 시 편리하다.

단계 04. 세무 신고

1인학원은 면세사업장이므로 부가세 신고 의무가 없다. 강사도 고용할 수 없으므로 직원 고용에 따른 세무 신고가 따로 필요 없다. 따라서 연간 세무 일정은 일반 학원에 비해 비교적 단순하다고 볼 수 있다. 하지만 창업 이후 처음 들어보는 세무행정이라 그 이름이 매우 낯설 것이다. 나도 12월에 사업장을 열고 바로 다음 달인 1월에 사업장현황[*] 신고를 하라는 안내문을 받았는데, 그게 무엇인지 몰라 당황했던 기억이 있다.

매년 1월이 되면 31일까지 국세청에 사업장 현황 신고, 5월에는 31일까지 종합소득세 신고를 해야 한다. 세무 관련 신고는 공제나 경비 처리 등을 빠짐없이 하여 세금을 경감받는 게 중요하다. 홈택스에서 스스로 하면 세무대행 수수료가 들지 않지만 수수료보다 많은 세금이 나올 수 있으므로, 자신이 없다면 학원 전문 세무사무소에 의뢰하는 것도 방법이다.

---

[*] 지난 1년간의 사업장 수입액 등을 국세청에 신고하는 것을 말한다. 쉽게 말해 연간 얼마를 벌었는지 국세청에 자진신고를 하는 것이다. 신고를 안 할 경우, 실체 조사를 위해 세무 공무원의 사업장 현장 조사 등을 받을 수 있다.

모든 걸 다 이기는 1인학원의 입지

1인학원을 창업하려고 할 때 무엇보다 중요하게 생각할 것이 있다. 여느 자영업과 마찬가지로, 학원도 입지가 중요하다는 사실이다. 1인학원의 입지에 대해서는 공부방과 교습소, 형태별로 나누어 알아보겠다.

- 공부방 입지

공부방은 집에서 창업하는 만큼, 좋은 입지를 고를 수가 없다는 핸디캡이 따른다. 만일, 창업을 염두에 두고 집을 새로 얻을 계획이 있다면, 가급적 많은 사람의 눈에 잘 띄는 곳으로 알아보도록 하자. 아파트와 같은 공동주택의 경우라면 엘리베이터를 타지 않아도 되는 저층을 추천한다. 아파트 관리 규정에 따라 유리창 바깥쪽 선팅이나 발코니 난간 플래카드 게시가 허용되는 경우가 많은데, 저층일 경우 홍보가 용이하다. 물론 고층이라고 안 되는 것은 아니지만, 고층은 홍보물에 대한 가시성이 아무래도 떨어진다.

공부방이 5층 이상이라면 가시성이 크게 떨어질 수밖에 없다. 보통 고개를 들어 올려다보지 않기 때문이다. 그러므로 고층아파트에서 공부방을 시작해야겠다면 온·오프라인으로 가능한 홍보 수단을 총동원해야 한다. 사람들이 공부방이 생긴 사실을 모르니 이를 알리는 일에 총력을 기울여야 하는 것이다. 상담의 첫 관문인 전화문의를 위해 전화번호를 어디에서 어떠한 방법으로 노출할 것인지도 다각도로 고민해보자.

고층아파트 공부방을 추천하지 않는 이유는 몇 가지 더 있다. 홍보의 문제점 이외에도 부가적인 문제들이 수반되기 때문이다.

첫째는, 공부방에 가기 위해 엘리베이터를 이용하는 학생들이 이웃 주민들에게 불편함을 줄 수 있다는 점이다. 층간 소음을 일으킬 수도 있고, 엘리베이터 버튼을 모두 누르는 등의 장난을 하여 불편함을 끼칠 수도 있다. 간식 쓰레기 등을 공부방을 오고 가면서 복도나 엘리베이터 등 공동으로 사용하는 공간에 버릴 수도 있다. 이는 주민들의 민원으로 이어져 동네에서 죄인 아닌 죄인처럼 살게 될 수도 있다.

설령 공부방의 홍보가 제대로 되었다 해도, 고층은 학부모 입장에서 자녀들을 보내기에 유리한 조건이 아니다. 특히 신축 아파트의 경우라면 더욱 불리하다. 30층이나 되는 아파트에서 엘리베이터를 호출하고 대기하는 시간이 오래 걸려 공부방 출입이 불편하다. 다른 곳도 많은데 이러한 불편함을 감수하면서까지 등록하기란 정말로 강력한 어떠한 무기가 없고서는 불가능하다.

이런 불리한 입지에도 불구하고 '난 우리 아이를 여기에 보내고 싶어'라는 마음이 들게 하기 위해서는 그 어떤 차별화된 교육 서비스가 있어야 한다.

그 무엇도 다 이기는 나만의 무기가 있는 것이 아니라면 모를까, 고층아파트에서 공부방을 시작하여 고배를 마시는 경험은 피하기를 바란다.

– 교습소 입지

교습소로 적당한 입지를 찾으려면, 희망하는 지역의 상가 시세를 먼저 알아보아야 한다. 아무리 마음에 드는 상가를 찾았다 하더라도, 상가 임대차 조건, 즉 보증금과 월세의 조건이 자신이 감당할 수 있는 예산의 범위를 넘는다면, 그림의 떡이나 다름없다. 그렇다 보니 부동산에 방문하기 전에, 자신의 예산 범위를 정하고, 최대 얼마까지 준비가 가능한지를 미리 계획을 세우는 것이 좋다. 예를 들어, 보증금 1000에 80이 가능한지, 3000에 50이 가능한지, 대략적인 예산 범위를 계획해야 한다. 막상 부동산에 가면, 마음에 드는 상가가 예산 범위를 넘을 수도 있다. 따라서 예산을 초과하더라도 무리하지 않는 범위에서 어느 정도까지 커버가 가능한지를 생각해보고 가는 것도 필요하다. 그래야 중개업자들도 더 많은 곳을 보여주고, 융통성 있게 조율할 수 있으니 계약을 원활하게 진행할 수 있다. 상가는 최소 세 군데 이상을 보되, 사진을 찍거나 메모를 해 가면서 돌아보는 것이 좋다. 여러 군데를 보고 나면, 거기서 거기 같고 기억이 겹쳐 판단이 흐려질 수 있는 탓이다.

교습소의 주요 대상은 보통 초등학생들이다. 그러므로 교습소 입지는 초등생들을 모집하기에 좋은 곳에 초점을 맞추어 선택하는 것이 좋다. 좋은 입지를 고르기 위해서는 초등학생들을 가진 학부모 입장에서 생각해보면 답이 나온다. 등하교 시 아이들이 멀리 가지 않아도 되는 곳, 학교 갔다가 집으로 돌아오는 길목을 지키고 있는 곳 등이다. 그래서 인근에 있는 초등학교를 검색해보고, 학교 홈페이지에 방문해서, 학생이 총 몇 명인지 알아보는 것부터 해야 한다. 이는 그 지역 교습소 시장의 규모를 가늠할 수 있게 해준다.

학생 수가 적어도 600명에서 900명 사이이면 꽤 안정적인 곳이라고 할 수가 있다. 이는 한 학년당 100명에서 150명 사이라는 말이고, 교습소 규모가 60명이 정원이라고 할 때 학년별로 최대 10명, 즉 인근 초등학교 학생 수의 10% 모집을 목표로 달릴 수 있다. 10%가 너무 적다고 생각하는가? 그렇지 않다. 근방 학교에 다니는 학생들 열 명 중 한 명이 내 교습소에 등록한다면, 엄청난 성공이다. 주변의 경쟁 학원들도 학생 모집을 열심히 할 것이기 때문에, 사실 5% 정도만 생각하는 것이 현실적인 목표라고 볼 수 있다.

600명 규모의 학교에서 30명을 모집하는 것, 그것은 가능한 목표이다. 주변에 동종 학원이 많아 걱정되는가? 괜찮다. 학원가의 아이들은 서로 돌고 돈다. 옆 학원 다니던 친구 중, 새로운 곳으로 옮기고자 하는 수요는 항상 있다. 학원을 아예 안 다니던 아이들보다, 옮기고자 고민하는 친구들이 새로 생긴 내 학원에 등록할 수 있다는 얘기이다. 다른 학원에서 이미 교육비를 투자하던 학부모들은 새로 생긴 학원으로 옮기는 것이 어렵지 않다. 교육의 필요성을 이미 알고 있는 학부모들이기 때문이다. 반면 평소 교육을 안 시키던 학부모들은 그 필요성부터 설득해야 하기에 훨씬 힘들다. 이런 이유로 학원가의 아이들은 돌고 돈다고 얘기하는 것이다. 그러니 추후 내 학원에 다니다가 다른 학원으로 옮겨가는 친구가 생길 때도 크게 상심하지 않았으면 좋겠다. 다른 학원에서 옮겨오는 친구들이 빈자리를 또 채워줄 것이다.

상가를 선택할 때는 될 수 있으면 해가 잘 드는 저층의 장소가 좋다. 교습소는 대형 학원과는 니즈 자체가 다른 시장이다. 그렇다면 교습소에 보내는 학부모들의 니즈는 무엇일지를 먼저 생각해보자. 초등학생들은 부모의 보호 영역 안에 두고 싶어 한다. 쉽게 말해, 멀리 안 보내고 싶어 한다는 말이다.

반면 대형 학원은 상가들 안에 입점해있다. 따라서 상가 밀집 지역이 있는 곳으로 셔틀을 태워 보내야 한다. 그런 만큼 어린아이들이 학원을 오고 가면서 생길 수 있는 여러 가지 리스크를 생각하게 된다. 예를 들면, 중고등학생들에게 치이는 문제나, 셔틀을 이용하면서 생길 수 있는 불필요한 사고 등등이다. 부모로서는 이런 리스크를 피하고자 대개 집 근처에서 공부할 수 있는 곳을 찾는다. 대부분, 도보로 10분 안에 갈 수 있는 곳을 선호하게 된다. (이때, 초등 고학년 이상은 예외이다. 고학년 이상부터는 멀고 힘들더라도 중대형 이상의 규모 있는 학원을 더 선호하는 경향이 있다)

이런 이유로 나는 초등 교습소의 입지는 아이들 혼자서도 안전하게 오고 갈 수 있는 곳, 여러 범죄로부터 안심이 되는 곳, 주변이 밝고 치안이 좋아 안전해 보이는 곳, 엘리베이터 내 사고나 범죄로부터 자유로운 곳 등을 추천한다. 상가도 될 수 있으면 엘리베이터를 타지 않고 계단으로 다닐 수 있는 곳이 좋고, 1층보다는 2층이 좋다. 3층 이상은 걸어 올라가기 힘들고, 1층은 외부에 너무 노출되는 환경 탓에 아이들의 집중력이 흐트러질 수도 있기 때문이다. 도로 소음이라든지 뛰노는 아이들 소리는 집중력을 저해하고, 특히 통유리로 된 1층 상가는 아이들이 외부를 쉽게 볼 수 있어 주의력이 떨어지고 쉽게 산만해질 수 있다. 물론 인테리어에 따라 다르겠지만, 통유리인 경우에는 반드시 가구나 유리창 시트지 등으로 외부를 가려야 한다. 이 경우 햇볕이 차단되는 경우에 대비해 조명을 추가하는 것이 좋다.

상가를 얻을 때, 대개 1층 상가는 한쪽 벽면 전체가 통유리로 이루어진 곳이 많은데 이 경우, 여름과 겨울에 냉난방이 어렵다는 점도 참고하자. 주택처럼 이중창이 아니다 보니, 여름에는 햇빛으로 인한 더위, 겨울에는 외풍으로 인한 추위를 막기가 쉽지 않기 때문이다. 교습소는 아이들이 쾌적한 환경에서 공부할 수 있는 곳이어야 한다. 따라서 적정 온도와 습도, 그리고 공기의 질까지도 세심하게 신경 쓰는 것이 좋다.

지난 겨울에 인스타그램에서 학생들이 파카를 입고 공부하는 사진을 올린 피드를 본 적이 있다. 나는 이 사진을 보며 개인적으로 매우 안타까움을 느꼈다. 이런 사진을 본 학부모라면 어떤 생각을 먼저 하게 될까? '와, 우리 아이 열심히 하네' 보다는, '얼마나 추우면 학원 내에서 아이들이 불편하게 파카를 입고 있는 걸까?' 하는 생각을 먼저 할 것이다. 이는 난방비를 아끼는 인색한 원장이라는 이미지를 심어줄 수도 있고, 최악의 경우에는 더 좋은 환경의 학원을 찾아 옮길 수도 있다.

이처럼 교습소의 환경과 입지는 매우 중요하다. 1층 상가의 경우, 외부와 직접 맞닿아 있다는 단점도 생각해보는 것이 좋다. 초등학생들은 외부 환경에 매우 민감하게 반응한다. 바깥의 작은 소리 하나에도 집중이 쉽게 흐트러진다. 학원생이 드나들 때 열리는 문을 통해, 가뜩이나 공부하기 싫은 아이들의 마음은 붕 뜨고 흐트러지기도 한다. 문 하나만 열면, 바깥세상이 펼쳐지고, 유리창 너머 노는 아이들의 소리 등, 불필요한 자극에 노출되면, 아이들의 마음이 온통 바깥에 꽂히게 될 것은 자명하다.

　그러니 좋은 교습소의 입지란, 인근 초등학교의 규모가 어느 정도 있고, 학교 갔다 집으로 돌아가는 길목을 지키고 있는 곳, 그러면서 적당히 외부와 차단되어 있으면서도, 또 너무 격리되어 있지는 않은, 여기에 적당히 해가 들어 밝은 느낌이 드는 곳이다.

　'그런 곳을 찾기가 쉽겠어'라고 생각할 수도 있다. 이 조건을 다 만족하는 곳을 찾기는 어려울 수도 있다. 다만, 그 기준을 알고 보는 것과 모르고 보는 것 사이에는 큰 차이가 있기에 언급은 하고 싶었다.

○ ● ○ ○
미리 정해두어야 할 운영정책

교습소 상가의 임대차 계약을 했다면, 이미 반은 진행된 것이나 다름이 없다. 이때부터는 오픈을 대비하여 본격적으로 굵직굵직한 운영정책을 정할 차례이다. 가장 먼저 정해야 할 것은 교습비와 교습 대상, 그리고 운영시간이다. 이는 교습소 운영 신고 시에 신청서에도 미리 적어내야 할 부분이므로, 미리 생각해두어야 한다.

한 주에 며칠을 운영할 것이며, 그에 따라 학년별 교육 시간은 어떻게 짤 것인지, 또 결석이 생길 때 교육비 정산은 어떤 방식으로 처리할 것인지도 미리 생각해두길 바란다. 보강을 하는 방식으로 할 것인지, 수업료를 일할 계산하여 받을 것인지? 또, 수업료는 시작 날짜에 맞추어서 받을 것인지, 매월 1일이나 말일과 같은 정한 날짜에 일괄적으로 받을 것인지…? 이처럼 1인학원을 운영하다 보면 숫자를 다루는 일이 많다. 작은 숫자 차이 때문에 서로 얼굴을 붉히기도 하고, 마음을 상하기도 한다. 따라서 기본 정책을 마련해 두되, 상황이 여의치 않을 때는 융통성을 발휘하는 것도 필수임을 명심하자.

1) 수업 커리큘럼과 기본 운영 방안 정하기

1인학원의 장점은 여러 가지가 있지만, 그중 가장 좋은 점은 운영 탄력성과 자율성이다. 쉽게 말해, 원장 임의로 자유롭게 운영을 할 수 있다는 점이다. 교육 대상 선정과 운영시간, 그리고 수업 형태까지 모든 것을 원장인 내가 생각한 대로 주체적으로 결정할 수 있다.

프랜차이즈를 끼지 않은 개인 공부방이라면 이와 같은 장점이 극대화되겠지만, 프랜차이즈 학원의 경우라 할지라도, 별반 다르지 않다. 프랜차이즈 학원도 기본적인 것은 본사 운영방침을 따르지만, 운영 관리와 관련하여서는 간섭받지 않기 때문이다.

예를 들면, 본사는 연간 학습 플랜 안에서 주 5일 학습을 기준으로 하는 커리큘럼을 강조한다. 하지만 이를 주 4회로 변형해서 운영해도 관계없다. 프랜차이즈 학원을 운영하는 나의 경우, 본사 권고에 따라 주 5일 수업을 하고 있지만, 주 3회 혹은 주 4회만 운영하면서도 사업을 안정적으로 이끌어 가는 선배 원장의 얘기를 전해 들을 때면, 부러운 생각도 든다. 누군가 나에게도 이런 부분에 대해 미리 조언해 주었더라면…, 하루 정도는 쉬면서 유치원에 다니는 막내 아이와 시간을 함께 보내며 균형 잡힌 삶을 살 수 있었을 것 같은 생각이 들어 여전히 아쉽다.

지금 창업을 계획하는 분들이라면, 주 4회 수업을 하면서 일일 수업시간을 15분씩 연장하는 방안도 고려해보기 바란다. 그렇게 하면 주 5회 수업하는 것과 동일한 학습 시간을 확보할 수 있기에 학생들의 학습 누수도 크게 없고 일에 대한 만족도도 크게 높일 수 있어 이상적인 커리큘럼이 될 것이다.

예비 창업자들 중에 주 4회 커리큘럼을 도입하고자 한다면 다음 한 가지는 주의하자. 쉬는 요일을 정할 때, 주말과 붙어있는 월요일과 금요일은 피해서 정하도록 하자. 그 이유는 연달아 쉬는 날이 3일씩 되면, 아이들의 학습에 지장이 생길 수도 있기 때문이다. 예를 들어, 토, 일, 월요일을 쉬고 화요일에 나오게 되면, 전주에 배운 것을 대부분 잊어버리고 올 것이다. 그러면 화요일에는 지난주 분을 복습하느라고 진도도 못 나갈 뿐만 아니라, 아이들의 학습 습관 형성에도 좋지 않다.

따라서 가장 이상적인 주 4회 수업 스케줄은 월·화·목·금 수업, 그러니까 수요일에 쉬는 것이다. 4일에 걸쳐 하루에 75분 수업하는 학습 플랜은 아이들에게도 능률적일 수 있다. 2~3개의 학원에 다니느라 바쁜 아이들에게도 수요일 하루 정도는 휴식이 될 수 있기 때문이다. 게다가 이렇게 하루를 비워두면, 월 1회 정도는 한 달간 결석이 있었던 친구들을 불러 보강을 하거나, 학년별로 그룹을 지어 흥미로운 특강 등의 이벤트도 기획할 수 있으니 더욱 좋다.

주 5일 수업을 하는 원들은 늘 보강이 여의치 않다. 학부모들은 하루 결석하면, 다음날 이틀 치 분량을 보충해주길 바라는데 집중력

이 짧은 초등학생들에게 두 시간 연속 강의는 효율적이지 않다. 두 시간씩 남겨서 공부를 시켜보면, 대략 80분이 넘어가는 시점부터 몸을 비틀면서 시계만 보는 아이들이 대부분이다. 아이들도 공부에 질릴 뿐만 아니라, 이렇게 힘들어하는 아이들을 도닥여가며 이끌어야 하는 원장도 힘든 것은 마찬가지이다. 그러다 보니 보충수업보다는 결석 일수만큼 교육비를 환급하는 쪽으로 안내하게 되는데, 이렇게 되면 학원 매출에도 영향이 생겨 운영자의 입장에서도 달갑지 않다.

2) 각종 할인 및 오픈 프로모션 정책

오픈 전 정해두어야 할 할인과 프로모션 정책 중 첫 번째는 형제 할인이다.

"여기 형제 할인 있나요?"

이는 형제를 등록하려 할 때, 학부모들이 빼놓지 않고 물어보는 넘버원 질문이다. 준비되지 않은 채로 질문을 받았을 때, 즉흥적으로 대답했다가는 그대로 정책이 굳어지기 때문에 제일 처음 무언가를 실시할 때에는 신중을 기해야 한다.

형제 할인이란, 형제가 동시 수강할 때 할인해주는 혜택을 말한다. 본래 교습소를 신고할 때, 신고한 교육비 이외에는 할인을 해 줄 수도 없고, 더 받아서도 안 된다. 하지만 통상 우리나라의 거의 모든 학원이 형제 할인이라는 관례를 따르고 있으므로, 형제 할인을 안 하게 되면 상대적으로 가격 경쟁력에서 뒤처지게 된다.

형제등록은 학원장 입장에서, 별도의 비용이 들지 않는다. 큰 아이를 잘 관리하다 보면, 이에 만족한 학부모가 자연히 동생도 등록하게 되는데, 이때 홍보나 광고, 혹은 영업과 관련한 그 어떤 마케팅 비용도 들지 않는다. 흙 속의 진주를 찾듯이 힘겹게 발굴해 낸 신규생이 아니라는 것이다. 그래서 형제 수강을 맡겨주면 원장인 나는 너무나도 감사한 마음이 앞선다. 신뢰에 대한 보답이라고 생각하고 기쁜 마음으로 형제 할인을 해 드린다.

형제 할인의 이유는 학부모 입장에서 생각해보면 쉽게 답이 나온다. 우리나라 정서에는 빠질 수 없는 '정(情)'이 있다. 시장에 가면 에누리를 기대하듯이, 학부모들도 엄연히 교육 서비스를 구매하는 소비자로서 형제를 동시에 보내는 만큼 등록비 할인을 기대하기 마련이다. 더욱이 학원은 한번만 구매를 하는 것이 아닌, 매달 꼬박꼬박 고정 지출을 하는 곳이므로 월 지출을 줄일 방안이 있다면 반색할 수밖에 없다. 큰 금액은 아닐지라도, 단돈 5,000원이라도 혜택이 있다면, 형제를 굳이 다른 학원에 보내지 않을 것이다(해당 학원의 교육서비스에 만족할 때를 전제로 한다).

형제 할인은 한 사람당 5,000원씩, 즉 두 명이면 만원, 혹은 한 사람당 1만원씩, 총 2만원을 할인하는 것이 보통이다. 학원 입장에서는 월 매출이 줄어드는 일이겠지만, 형제 할인을 안 해 드려서 학부모를 섭섭하게 만든다면 그로 인한 손실은 더욱 클 것이다. 형제 할인과 관련해서는 '소탐대실'이라는 사자성어를 기억하자. 5,000원 할인해주고, 18~19만원을 더 버는 것이 현명하지 않겠는가.

형제 할인의 두 번째 장점은 특별한 이유가 없는 한 형제들은 다른 학원으로 쉽게 옮겨가지 않는다는 것이다. 교육 퀄리티가 비슷할 경우 교육비 할인을 해 주는 곳이 가격 경쟁력을 가지게 되기 때문이다. 이 1~2만원의 할인이 우리 학원에 오랫동안 마음 붙일 수 있게 하는 강력한 마케팅 도구가 되어 주는 셈이다. 형제 할인에 관해 내가 할 수 있는 조언은 여기까지이다. 선택은 어디까지나 원장의 몫이다.

두 번째는 오픈 시의 각종 프로모션 정책을 생각해두어야 한다.

새로운 곳으로의 관심을 유인하기 위해 요즘 생기는 학원들은 파격적인 혜택을 제시한다. 1+1, 혹은 첫 달 등록 시 50% 할인, 무료 레벨 테스트 및 무료 체험학습, 그리고 각종 등록 선물 증정 등의 마케팅 비용을 그야말로 쏟아붓는다. 이러한 파격적 혜택에는 다 이유가 있다. 학원은 일단 등록만 하면, 대개는 6개월 이상 쭉 다니기 때문에, 첫 달은 손해를 감수하고서라도 오픈 행사를 진행하는 것이다. 나는 등록 시의 프로모션은 별도로 하지 않았고, 대신 등록 선물로 백 팩을 준비해서 나눠주었다. 메고 다니면서 동시에 홍보도 될 수 있도록 빨간색에 학원 로고가 인쇄된 프랜차이즈 굿즈 물품을 선물했다.

이처럼 첫 달에 회원등록을 앞당길 만한 매력적인 프로모션을 오픈 전에 미리 생각해두면 좋다. 이로써 홍보 활동이나 회원 모집을 보다 활발하게 할 수 있기 때문이다. 홍보 전단지에 넣어 눈에 띄게 강조할 수도 있고, 직접 홍보물을 나눠 줄 때도 귀에 꽂히는 멘트를 할 수 있어서 효과적이다.

3) 학원 방학 등의 연간 휴무 일자 계획하기

학교와 마찬가지로 학원도 일년에 두 번씩 방학을 한다. 이때 방학 기간을 며칠씩 할지, 방학 기간 특강은 운영할지, 특강을 한다면 어떤 프로그램으로 할 지 등, 방학 프로그램에 대한 커리큘럼 또한 미리 짜두는 것이 좋다. 학원의 방학은 그때 가서 정해도 될 일이지만, 오픈 전에 미리 생각해보라는 것은, 신규 상담 시에 이 부분에 대해서 학부모들이 질문을 하기 때문이다. 특강을 포함한 방학 정책은 그 원의 교육열을 보여주는 지표라고도 볼 수 있다. 방학을 활용하여 문법 특강을 한다거나 외부 공인인증시험을 대비하는 특강이 준비되어 있다면, 학부모들도 원장의 교육 열의를 높게 평가할 것이다.

학원의 방학 일수는 보통 주말을 끼고 최소 4일 이상 쉬는 것이 일반적이다. 평일을 이틀 정도 휴원하고 주말까지 연달아 쉬면 학부모 눈치 보지 않고 4일 정도는 부담 없이 쉴 수 있다. 여기서 학부모의 눈치를 본다고 말하는 이유는, 학원 방학이 교육비와 맞닿아 있어 매우 민감한 부분이기 때문이다. 학원 방학은 유급휴가이다. 풀어 말하자면, 수업을 안 하면서도 수업료는 여느 달과 동일하게 받는다는 얘기이다. 유급휴가는 학원가의 관행이다(관행이라는 것은 보통 다 그렇게 상식처럼 통하는 것을 의미한다). 그러므로 학원 방학이 길수록 학부모의 눈치가 보일 수밖에 없다.

어떤 원에서는 아이들 학습 공백을 우려하여 학원 방학을 이틀만 하기도 한다. 하지만 나는 이틀의 방학은 충분하지 않다고 생각한다. 놀 땐 놀고 일할 땐 일하자. 방학이란, 모든 걸 혼자서 다 해내야 하는 1인학원의 원장에게 다음 학기를 준비하기 위한 재충전 시간이다. 수업, 마케팅, 상담, 운영 관리 등을 혼자서 모든 일을 다 하기 때문에 1인학원 원장은 에너지 소모와 스트레스가 훨씬 더 많을 수밖에 없다.

나 개인의 의견을 좀 더 피력하자면, 적어도 5일 이상은 충분히 쉬면서, 다음 학기를 대비할 에너지를 축적하는 것이 좋다고 생각한다. 그 정도는 되어야 향후 가족들과 여유 있게 장거리 여행도 갈 수 있지 않을까. 이번에는 여행 계획이 없으니 4일 쉬고, 다음 방학 때는 5일 쉰다고 할 수가 없다는 것을 생각하자. 거듭 말하지만, 학원 정책은 초창기에 한 번 정한 것이 그대로 굳어지게 된다. 멀리 내다보고 결정할 일이다.

다만, 5일 이상 쉴 때는 주의사항이 있다. 학부모들께 초과 휴일에 대해서는 수업료 결제일수에서 면제해 드리겠다는 안내를 꼭 해야 한다. 그렇지 않으면, 일주일 학원 방학 때 수업료가 아까워서, 방학이 낀 달에 학원을 쉬겠다고 하는 인원이 생길 수 있기 때문이다. 이렇게 한 달만 쉴 요량으로 안 나온다던 친구는 자칫 영영 돌아오지 않을 수도 있다. 학원 방학을 앞두고 기존 원장들이 긴장하는 이유는 바로 여기에 있다.

○ ● ○ ○

학원 내·외부 단장과 레이아웃

서비스 운영정책까지 정했다면 그다음에는 본격적으로 사업장을 꾸밀 차례다.

공부방은 외부 홍보 수단이 제한적이므로, 이번 장에서는 주로 교습소에 해당하는 내용을 다루기로 하겠다.

가장 먼저 해야 할 일은 학원 홍보와 관련되는 간판, 선팅, 현수막 설치이다. 온라인뿐만 아니라 오프라인 홍보도 동시에 신경 써야 한다.

공부방의 경우에는, 창문 외부의 선팅물과 현수막 등을 제작하고, 부착하는 것부터 시작할 수 있다. 교습소라면 여기에 간판 제작이 하나 더 추가된다. 입간판의 제작은 일주일에서 열흘 정도 소요되므로, 개업 일시를 기준으로 여유 있게 의뢰하기 바란다. 이때, 업체와 간판 디자인 협의 및 시안 확정 등을 해야 하는 시간까지 생각하면, 2, 3일가량 더 잡아야 할 것이다. 그래서 나의 경우에도 사업장의 상가 열쇠를 받자마자 가장 먼저 간판 업체부터 알아보았다.

간판 제작을 의뢰했다면, 그동안에 상가 내부를 채워 나갈 차례이다. 이때 주의할 것은 전자제품의 설치 전에 가구를 먼저 사야 한다는 점이다. 또, 설치와 관련해서도 업체와 일정을 잡아야 하고, 냉난방기의 경우 설치 신청이 밀려 있어, 늦추어질 수도 있으니 미리미리 일정을 계획하는 것이 좋다. 가구 배송 일자도 마찬가지이다. 배송 기간을 생각해서, 전자제품보다 가구가 반드시 먼저 도착할 수 있도록 일정을 짜도록 하자. 전자제품의 설치는 한 번 하고 나면 변경이 어렵다. 이 때문에 가구 배치를 먼저 끝낼 것을 조언하는 것이다. 전자제품의 설치 위치가 확실해졌을 때, 설치 기사를 맞이하는 것이 좋다는 것이다. 배송 일정이 안 맞아서, 가구가 전자제품보다 늦게 오게 된다면 어떤 일이 생길까. 바닥에 내려놓은 상태로 전자제품을 설치해야 하거나, 임의로 먼저 설치한 전자제품의 위치를 바꿀 수 없어 가구 배치에 애를 먹을 것이다.

프랜차이즈 영어 학원의 경우라면 어학기, PC, 서버 등도 구입, 설치해야 한다. 또, 블라인드나 조명업자와 같은 인테리어 업체들도 방문 견적을 내야 한다. 제작하고 재방문 후 설치까지, 오픈 일자가 다가오면 생각보다 시간이 빠듯하게 느껴질 수 있다. 때로는 동시에 여러 업체가 함께 작업해야 하는 경우도 불가피하다. 작업편의를 위해 업체 간 방문이 겹치지 않도록 일정을 조율하는 센스가 필요하다.

예를 들어, 조명 업체와 빔프로젝터 설치 업체가 동시에 작업을 하다 보면, 서로 작업 동선이 겹치기 때문에 원활하게 설치를 할 수가 없다. 또, 유리창 선팅 제작업체와 블라인드 설치 업체를 동시에 부르면, 유리창에서 함께 작업해야 해서 작업 공간이 겹치게 된다. 작업자들도 불편하고 진행도 빨리 되지 않을 것은 불 보듯 뻔하다.

학원 물품 구입과 관련해서는 새것으로 사면 좋을 것과 중고 구입도 괜찮은 것을 구분하면서 비용을 절감하자. 이에 관해서는 다음의 물품 구입 리스트를 참고하자. 체크 리스트는 없으면 안 되는 물품과 없어도 되지만 있으면 도움 되는 것들을 구분해 정리해 두었다. 각자의 창업 예산을 고려하여 이에 맞는 합리적인 구입을 하기 바란다.

1인학원 창업, 물품 구매 리스트 - 공부방

		구입			
		가구류 및 잡화	v	전자제품	v
필수	새 것	교재		카드 결제 단말기와 서명 패드	
		교습 허가증 게시용 액자 2점 (개인과외교습허가서 1점, 사업자등록증 1점)		노트북 or PC (최소 1대)	
		의자 (1인용 책상 개수 + 다인용 테이블 착석 시 필요한 만큼 추가 구입)		잉크 충전용 사무용 복합기 (프린터, 복사, 스캔 겸용)	
		우산 꽂이 (우산 보관함)			
		두루마리 휴지 보관함			
	중고	다인용 멀티 테이블 (최소 1개)		에어컨 (집에서 사용하던 것 그대로)	
		멀티 책장 (학습 자료 보관용)			
		원장용 회전 의자 (듀오백 추천)			
		바퀴달린 화이트 보드 (스탠드형)			

구입			비구입	
소모품		v	렌탈용품	v
문구류	자동 연필깎이 2개		공기청정기	
	연필, 지우개, 형광펜, 12색 색연필, 채점용 색연필 및 빨간 볼펜		정수기	
	연필 꽂이 (공동 사용용이므로 넉넉한 사이즈로)			
	지우개 청소기 (자동 흡입형) 1개			
사무용품	결제영수증 보관철			
	상담 파일 보관용 바인더			
	사무용 멀티보관함 (스탠드형)			
	A4 용지 1박스			
	복합기 잉크 (흑백, 컬러)			
	스테이플러 + 철침			
기타	1회용 종이컵 1박스 (세 모금 컵)			
	알코올 손세정제			
	체온계 (비접촉식)			
	자주 쓰는 학습지 구분 보관함 (다층)			
	학원 로고 새겨진 학원 가방 제작 (업체 요구 최소 수량)			

		구입			
		가구류 및 잡화	v	전자제품	v
선택	새 것	거실 롤스크린 블라인드 (사이즈 맞춤)		무선 전화기	
		독서실 용 칸막이 책상 (5~9개)		태블릿 pc 및 CD 플레이어	
		1인용 책상		빔 프로젝터 (무비데이나 학부모설명회, 각종 행사용)	
		바퀴달린 이동식 행거 (겨울철 아이들 외투 및 롱파카 보관용)		cctv (렌탈도 가능)	
		코팅기 (원내 게시 할 안내문 코팅시)			
	중고	프린터기 수납 용 낮은 책장이나 협탁			
		제본기 (스프링용, 무선열제본기 선택)			

구입			비구입	
소모품	v		렌탈용품	v
문구류 1인용 빗자루세트 (지우개 가루 셀프 청소용)			cctv	
교재 제본용 스프링 및 표지				
코팅 용지 (A4)				
자체 제작 교재 종이 타공 펀치				
기타 헤드셋 (인강, 어학용) 최소 5개				
학생용 슬리퍼 (사이즈별)				
멀티탭 3구 (2~3개)				

1인학원 창업, 물품 구매 리스트 – 교습소

		구입			
		가구류 및 잡화	v	전자제품	v
필수	새 것	교재		카드 결제 단말기와 서명 패드	
		교습 허가증 게시용 액자 2점 (개인과외교습허가서 1점, 사업자등록증 1점)		노트북 or PC (최소 1대)	
		의자 (1인용 책상 개수 + 다인용 테이블 착석 시 필요한 만큼 추가 구입)		잉크 충전용 사무용 복합기 (프린터, 복사, 스캔 겸용)	
		원장 책상		냉·난방기	
		우산 꽂이 (우산 보관함)		에어컨	
		두루마리 휴지 행거			
	중고	다인용 멀티 테이블 (최소 1개)			
		멀티 책장 (학습 자료 보관용)			
		원장용 회전 의자 (듀오백 추천)			
		바퀴달린 화이트 보드 (스탠드형)			

구입			비구입	
소모품		V	렌탈용품	V
문구류	자동 연필깎이 2개		공기청정기	
	연필, 지우개, 형광펜, 12색 색연필, 채점용 색연필 및 빨간 볼펜		정수기	
	연필 꽂이 (공동 사용용이므로 넉넉한 사이즈로)			
	지우개 청소기 (자동 흡입형) 1개			
사무용품	결제영수증 보관철			
	상담 파일 보관용 바인더			
	사무용 멀티보관함 (스탠드형)			
	A4 용지 1박스			
	복합기 잉크 (흑백, 컬러)			
	스테이플러 + 철침			
기타	1회용 종이컵 1박스 (세 모금 컵)			
	자주 쓰는 학습지 구분 보관함 (다층)			
	알코올 손세정제			
	체온계 (비접촉식)			
	학원 로고 새겨진 학원 가방 제작 (업체 요구 최소 수량)			

		구입			
		가구류 및 잡화	v	전자제품	v
선택	새 것	거실 롤스크린 블라인드 (사이즈 맞춤)		무선 전화기	
		독서실 용 칸막이 책상 (5~9개)		태블릿 pc 및 CD 플레이어	
		1인용 책상		빔 프로젝터 (무비데이나 학부모설명회, 각종 행사용)	
		바퀴달린 이동식 행거 (겨울철 아이들 외투 및 롱파카 보관용)		cctv (렌탈도 가능)	
		코팅기 (원내 게시 할 안내문 코팅시)		전자칠판	
				에어써큘레이터	
	중고	프린터기 수납 용 낮은 책장이나 협탁, 신발장			
		제본기 (스프링용, 무선 열제본기 선택)			

구입			비구입	
소모품		v	렌탈용품	v
문구류	1인용 빗자루세트 (지우개 가루 셀프 청소용)		cctv	
	교재 제본용 스프링 및 표지			
	코팅 용지 (A4)			
	자체 제작 교재 종이 타공 펀치			
기타	헤드셋 (인강, 어학용) 최소 5개			
	학생용 슬리퍼 (사이즈별)			
	멀티탭 3구 (2~3개)			

쾌적한 교습환경 세팅 1
유무선 통신, PC, 어학기 등

이번에는 학원 운영에 필수적인 여러 전자제품 설치에 관해 알아보자.

공부방이라면 가정에 설치된 인터넷을 함께 사용하면 되므로, 사업장 세팅 작업이 수월하다. 하지만 교습소의 경우, 각종 사무 전산화를 위해 모두 따로 준비해야 한다. 그리고 이들 간의 작업 순서도 중요하기 때문에 아래에 일러두는 내용들을 참고하도록 하자.

가장 먼저 사업장에 세팅할 것은 유선전화와 인터넷 설치이다. 사업장의 유선전화는 선택사항이다. 공부방의 경우라면, 가정집에서 운영하다 보니 유선전화가 굳이 필요하지 않지만, 상가를 얻는 교습소의 경우에는 이야기가 다르다. 요즘은 무제한 통화 요금제가 있고, 또한 학부모와의 상담 기록 및 녹음까지도 가능한 수단, 스마트폰이 있다. 그럼에도 나는 저렴한 유선전화 한 대를 사서 설치해두기를 권한다. 그 이유는 무엇일까. 비용절감 방법 및 휴대전화의 효용성을 몰라서가 아니다. 유선 전화번호가 학원 대표 번호이면, 그 자체로 공신력을 준다. 규모가 작은 1인학원이라 할지라도, 합법적이고 정식으로 등록된 교육업체라는 신뢰를 줄 수가 있다는 말이다.

유선전화 신청은 보통 인터넷과 같은 업체에서 한 번에 진행하면 된다. 예를 들면, KT면 KT, SKT면 SKT, 한 통신업체에서 나와서 전화선도 놓아주고, 인터넷 모뎀도 설치해준다. 예전에는 KT에서만 유선전화를 신청할 수 있었지만, 요즘에는 다른 통신사에서도 개통 해준다. 다만, 이때 유선전화 기기가 준비되어 있어야 하니 미리 전화기를 구입해 두어야 하는 점을 기억하자. 이것저것 챙길 게 많다 보면, 전화기 구입을 깜박한 채 설치 기사를 먼저 부르는 어이없는 실수를 할 수도 있다. 유선전화가 개통되면 유선전화 기기로 114에 전화를 걸어, 착신전환서비스를 신청해 두자. 이는 학원으로 걸려온 전화를 원장의 휴대전화로 연결해주는 중요한 서비스이다. 이렇게 세팅해두면, 학원 운영시간 외의 문의 전화도 놓치지 않고, 놓쳤다 하더라도 빨리 콜백 할 수 있어 편리하다.

다음으로는 해야 할 것은 인터넷 설치이다. 인터넷을 설치하고 PC 사용이 가능해야 오픈 때까지, 상담 및 운영에 필요한 준비들을 해 나갈 수 있다. 프랜차이즈 교습소의 경우라면, 설치 기사 방문시, 향후 설치할 어학기의 대수만큼 여유 있게 인터넷 선을 빼 달라고 부탁하자. 당장은 어학기 5대로 작게 시작하지만, 향후 학생들이 많아지면 9개의 책상 모두를 사용할 수도 있기 때문이다. 나의 경우

최대한 많은 인터넷 선을 다 준비해 달라고 했다. 창업 후 4개월쯤 되었을 때 어학기를 추가 구매하게 되었고, 미리 인터넷 선을 여유 있게 빼 둔 덕분에 설치 기사를 또 불러야 하는 번거로움을 피할 수 있었다.

요즘에는 무선 통신으로도 어학기 학습이 가능한 '하이브리드'라고 하는 혁신적인 시스템도 도입하는 추세이다. 머지않아 어학 학습을 위해 현재 사용 중인 서버라는 대용량 하드웨어는 퇴물이 될 듯하다. 프랜차이즈 브랜드를 선택할 때, 시대에 걸맞는 기술 개발과 연구가 활발히 이루어지고 있는지의 여부도 함께 살펴보는 것이 좋다. 교육 시장에서도 소비자는 늘 새롭고 편리한 시스템, 변혁적인 기술을 원하기 때문이다. QR 코드 시대에, 아직도 CD 등을 넣었다 뺐다 갈아 끼면서 학습을 해야 한다면, 그만큼 R&D에 투자하지 않고 있는 것을 반증하는 것이다. 시장이 원하는 것, 시대에 맞는 교육 상품을 지속해서 출시할 수 있는 진보적인 기술을 선보이는 곳, 이로써 미래적 가치를 제시할 수 있는 비전이 있는 업체인지, 교육 시장의 변화에 맞게 트렌디한 상품을 개발할 수 있는 저력이 있는 곳인지를 살펴보는 것이 좋다. 브랜드 가맹은 한 번 하면, 단기간에 바꾸기 쉽지 않기 때문이다. 보통 1년 단위로 가맹 계약을 갱신하지만, 가맹 브랜드를 바꾸는 것은 말처럼 쉬운 일이 아니다. 꼼꼼히 따져보고 처음부터 오랫동안 장수할 수 있는 브랜드로 선택하는 것이 현명할 것이다.

○ ● ○ ○

쾌적한 교습환경 세팅 2

냉난방기, 조명, CCTV, 빔프로젝터, 전자칠판 등

상가의 각종 전산화 기기를 설치 완료했다면, 그다음은 냉난방기 차례이다. 공부방의 경우라면 냉난방은 따로 준비하지 않아도 될 것이니 이번 장은 패스해도 좋다.

오픈 시기가 여름을 앞두고 있다면, 에어컨을 미리 설치하자. 교습소는 작은 공간인 데다 인구 밀도가 높기 때문에 금방 더워진다. 특히 활동량이 많은 남학생은 공을 차고 뛰어 들어와 몸에서 열기들을 뿜어 댄다. 아이들이 덥다고 하기 시작할 때, 바로 냉방을 가동할 수 있도록 여름이 오기 전에 미리미리 설치해두자. 집에 가서 더워서 공부 못했다는 얘기가 나오지 않도록 학습 환경을 항상 쾌적하게 유지하는 게 중요하다.

냉난방기 구입과 관련해서는 냉방과 난방을 동시에 할 수 있는 냉난방기를 추천한다. 나의 경우, 냉방이면 냉방, 난방이면 난방, 전문 기능을 가진 것들로 따로따로 구매했다. 복합적인 기계는 편리하지만 고장률이 높을 것으로 여겼기 때문이다. 하지만 2년 가까이 사용해 본 결과, 겨울이 오면 별도의 난방 기구들을 따로 준비해야 해서 번거로움이 뒤따랐다. 그다음, 냉방기이든, 난방기이든 공통적으로 필요한 것이 있는데 바로, '에어 써큘레이터'이다. 이 기기는 냉난방기로부터 나오는 차갑고 따뜻한 공기를 멀리까지 퍼뜨려 주어 빠르고 효과적으로 냉난방을 시켜준다.

다음으로는 전열 기구, 즉 조명기구의 세팅이다. 공부방은 조명이 밝아야 한다. 학생들이 조도가 낮은 어두침침한 곳에서 공부해야 한다면, 눈 건강도 해칠뿐더러 학부모 방문 상담 시에도 좋은 인상을 줄 수가 없다. 각 칸막이 책상마다 LED 조명을 추가하거나, 개별 설치 비용이 많이 들면, 조명 업체에 의뢰해서 천장 조명을 추가하자. 레일을 깔고 그 위에 핀 조명을 사용하는 레일 조명 등을 설치하면, 설치도 비교적 간단하고 카페 같은 느낌의 인테리어도 덤으로 따라온다.

컴퓨터 사용, 냉난방기, 그리고 조명까지 다 준비되었으면, 굵직한 사업장 세팅은 끝난 셈이다. 이후에는 CCTV나 빔프로젝터, 전자칠판 등의 선택적인 물품 구입을 차차 생각해보면 된다. CCTV는 필수 물품은 아니지만, 유사시에 매우 요긴하다. 예를 들면, 학원 내에서 벌어지는 사건 사고 해결에 큰 도움이 된다. 혈기 왕성한 사춘기 아이들 간에 싸움이 종종 벌어지곤 하는데, 그럴 때 원장이 잘잘못을 가리고 중립적인 입장에서 상황을 정리해야 하기 때문이다. 그럴 때 시시비비를 가리기에 CCTV만 한 것이 없다.

아이들만의 싸움 중재를 잘하지 못하면, 최악의 경우 양쪽 다 학원을 그만두는 것으로 사건이 종결된다. 게다가 그런 불미스러운 사건은 아이들과 학부모들의 입을 타고 여러 곳으로 퍼져 나간다.

CCTV의 활약은 이뿐만이 아니다. 아이들의 싸움으로 인한 사고뿐 아니라, 교습소 내에서는 분실 사고가 종종 일어난다. 가장 많은 분실 품목은 단연 휴대폰이다. 손에 들고 다니다가 어디에 두었는지 기억을 못 하는 덜렁대는 아이들에게 CCTV가 도움이 된다. 한번은 학원에서 실내화 가방을 잃어버렸다고 학부모에게 연락이 온 적이 있다. 아무리 찾아도 없어서 CCTV를 돌려보니, 학원에 들어올 때부터 맨손으로 들어오는 모습을 포착했다. 이것을 캡처해서 부모에게 보내드리고 다른 곳에서 찾아보도록 안내했는데, 알고 보니 학교 끝나고 친구랑 함께 떡볶이집에 갔다가 거기서 안 가져온 것으로 밝혀졌다. 밖에서 놀다가 잃어버린 것을 혼날까 봐, 학원까지 분명히 들고 왔다고 학원 핑계를 댄 것이다.

이렇듯 교습소를 운영하다 보면 크고 작은 일들로도 신경 쓸 일들이 적잖이 일어난다. CCTV가 없었다면, 실내화 가방과 실내화를 변상해야 하는 억울한 일도 겪지 않았을까 싶다. 실제로 학원 내에서 분실한 물건을 변상하는 원장들의 고충도 무시 못 한다. 특히나 핸드폰과 같이 고가의 물건들은 학생들 간, 분실과 도난이 일어나기도 하는 단골 물품이니 이에 대한 각별한 관리가 필요하다.

인터넷몰에 저렴한 제품도 많으니, CCTV 기기를 직접 구입 후 셀프 설치하는 것도 괜찮다. 교습소 내부에 하나 설치하고, 상가 화장실을 오고 가는 사이에 벌어질 일에 대비하여 복도에도 추가 설치하는 것이 좋다. 간혹 화장실을 다녀온다고 한 후, 복도에서 몰래 핸드폰을 하거나, 건물 밖으로 나갔다 오는 등의 돌발 행동을 하는 친구들이 있다. 관리감독이 필요한 나이인 만큼, 보호 차원에서라도 학생들을 원장의 시야에서 벗어나지 않게 하는 편이 좋다.

학습과 관리 동선을 고려한 인테리어

교습소 창업 운영과 관련한 콘텐츠로 1인 방송을 해오고 있는 나에게, 간혹 공부방이나 교습소의 인테리어에 관한 문의가 들어오곤 한다. 어떤 종류의 가구를 얼마나 구입해야 하며, 이것들을 어떻게 배치해야 하는지 고민하는 분들이 생각보다 많았다.

공부방의 경우, 대부분 거실이나, 방 한 칸을 사용하여 많이 시작하는 편이다. 가족들의 생활 공간과 분리해야 하다 보니, 대개 문간방을 많이 사용하는 듯하다. 그러다 보니 방의 크기에 따라 1인용 책걸상을 4개에서 6개 정도 구비해서 시작하는 것이 대부분이다. 프랜차이즈 가맹점이라면 자기 주도 학습이 가능한 칸막이 독서실 책상을, 그룹수업을 하는 개인 공부방이라면 칸막이가 없는 일반적인 1인용 책걸상, 혹은 두 명씩 앉을 수 있는 다인식 테이블 두어 개를 놓고 시작하면 좋다.

공부방을 운영하는 집의 화장실이 한 개라면, 화장실과 가까이에 붙어 있는 방을 학습관리 공간으로 지정하면 좋다. 학생들이 화장실에 가기 위해, 가족이 공동으로 사용하는 사적인 공간까지 드나드는 것을 통제하기 위해서이다. 또, 거실을 이용하는 경우, 사무용 파티션을 이용하여 주방 공간과 분리하는 것도 좋다. 이는 식기구와 먹을 것이 보이지 않게 하여 아이들이 가정집과 구분하도록 하기 위해서이다. 자칫 배고픈 아이들이 먹을 것을 보고 식욕이 자극되어, 간식을 달라고 떼를 쓸 수도 있고, 이렇게 한 두 명씩 좋은 마음으로 먹을 것을 챙겨주다 보면 면학 분위기가 흐트러질 수 있다.

아무리 집처럼 안락한 공부방이라 하더라도, 보육하는 공간이 되어서는 안 된다는 것을 명심하자. 처음부터, 공부방은 공부하러 오는 것이지 떡볶이나 샌드위치, 등의 간식을 먹으러 놀러 오는 곳이 아님을 처음부터 인식시키는 것이 좋다. 학부모들이 바라는 것은 아이들의 보육이 아닌, 학습 성과라는 점을 잊지 말자. 한두 번 좋은 마음으로 간식을 제공하기 시작하면, 어느덧 아이들이 당연하다는 듯이 간식을 요구할 것이다. 수업하기도 바쁜데, 간식까지 챙겨주다 보면, 수업 관리에 집중할 수 없다. 친절은 수업 내용을 설명할 때 마음껏 발휘하자.

거실의 가구 배치는 공부방이나 10평 정도의 교습소가 비슷하게 적용되니, 이를 참고하여 각자의 교습 공간에 맞는 가구 배치를 하면 될 것이다. 먼저, 개별 코칭 방식으로 수업하는 경우에는 유리창 쪽이 아닌, 거실 벽면을 따라 칸막이 책상을 배열한다. 대개는 한쪽 벽면당 4개 정도를 연이어 배치하고, 맞은편 벽 쪽에도 4개 내지는 5개를 놓는다. 스탠드형 에어컨을 놓을 벽면에는 맞은편 책상 수보다 한 개정도 적게 배치한다. 가급적 거실 유리창 쪽으로는 책상 배열을 피하는 것이 좋은데 그 이유는 여름에는 직사광선이 들어와서 덥거나, 겨울에는 웃풍이 새어 들어와 추울 수도 있기 때문이다. 또, 발코니 비확장형인 거실의 경우, 발코니로 드나들어야 하는 공간을 확보해야 하므로, 책상들로 막기보다는, 한두 개 정도의 PC 테이블과 프린터기를 배치하는 편이 나을 것이다.

벽면을 따라 1인 책상으로 거실을 에워쌌다면, 가운데 공간에는 4명에서 6명이 둘러앉을 수 있는 다인식 테이블을 놓는 것을 권한다. 여러 군데로 흩어져 있으면, 원장이 혼자 관리하기가 어려워진다. 될 수 있으면 아이들을 한데 모아, 관리 교사의 동선이 길어지지 않도록 신경 쓰자. 그래야 학생들이 많아졌을 때 이리저리 왔다 갔다 하느라 관리력을 잃는 것을 방지할 수 있다.

그룹 수업을 하는 경우라면, 칸막이가 되어있지 않은 1인 책상 6개 내지 8개를 구입하여 가운데 공간에 1m 간격으로 떨어뜨려 배치한다. 코로나 19로 인한 사회적 거리 두기를 하기 위함이다. 보다 철저한 방역 환경을 조성하고 싶다면, 투명 아크릴 제작업체를 찾아 칸막이를 세우자. 이때, 게임 교구 등을 사용해야 하는 수업이 있다면, 칸막이 설치는 활동에 걸림돌이 될 수 있으므로 한 번쯤 시뮬레이션해 보고 나서 설치하기 바란다.

그룹 수업의 경우에는 다수의 학생들이 선생님을 주목해야 하는 티칭 방식으로 이루어지므로, 이 점을 고려해서 칠판의 위치를 정하면 된다. 요즘에는 화면 자체에 터치가 되거나 판서가 가능한 전자칠판도 많이 설치하는 추세이다. 교습소라면, 한쪽 벽면에 칠판을 벽걸이형으로 시공하는 것이 좋고, 공부방의 경우는 스탠드형 화이트보드의 사용도 충분하다. 이때 바퀴가 달려 이동이 쉬운 칠판 거치대를 사용하면 편리하다. 칠판의 위치에 따라 채광을 막을 수도 있기 때문에, 볕이 잘 드는 오전에는 다른 데로 밀어 옮겨두었다가 교습이 시작되는 오후 시간에는 제 자리로 이동 배치하는 것이 좋겠다.

여력이 된다면, 대형 프로젝션 TV나 빔프로젝터를 설치하여 나중에 있을 학원 이벤트에도 대비하자. 오픈 초창기에는 PPT를 이용한 학부모 설명회나, 학부모 간담회, 일 년에 한두 번쯤 '무비 데이' 등과 같은 각종 이벤트 등을 하게 된다. 학생들의 공부 스트레스를 풀어주기 위해 진행하는 학원 이벤트 날, 작은 노트북 화면으로 영화를 상영한다면, 학생들이 영화에 몰입할 수도 없을뿐더러, 서로 안 보인다고 몸싸움하다가 짜증으로 얼룩진 이벤트로 기억될 수도 있는 일이다.

또, 빔프로젝터를 설치하면, 코로나 확산으로 인해 비대면 수업을 원하는 학생들이 생길 때에도 요긴하다. 대표적인 비대면 수업 프로그램인 Zoom 화상회의를 사용할 때 빔프로젝터를 사용하면 효과적인 온라인 수업이 가능하다. 오프라인으로 학원에 나와서 수업을 듣는 학생들과 집에서 공부하는 친구들에게 같은 페이지를 화면으로 공유할 수도 있고, 화이트보드 기능을 이용한 판서도 가능하다. 따라서 모두를 만족시키는 온 오프라인 병행 수업이 가능해진다.

빔프로젝터의 구입은 1인학원 용으로 미니 빔프로젝터나 소형이어도 충분하다. 나는 설치비까지 해서 60만 원쯤 구입 비용이 들었는데, 흰 벽이 없어 암막 블라인드 설치까지 해야 한다면, 추가 비용이 발생하니 예산은 100만 원 전후로 참고하면 좋겠다.

○ ● ○ ○

1인학원 운영의 결제 시스템

카드결제 단말기와 앱 결제 프로그램

사업장에 가장 먼저 설치해야 할 것은 카드결제 단말기이다.

카드 단말기는 몇 년씩 약정으로 묶어 대여를 해주기도 하고, 판매하기도 한다. 보통은 단말기 구입에 목돈이 들어가는 것을 부담스럽게 여겨, 대여로 시작하는 편이다. 하지만 나는 단말기 대여 업체들이 중도에 도산하거나, 폐업하는 경우, AS 등 필요한 관리를 받을 수 없다는 점을 우려하여, 구입하는 방법을 선택했다.

단말기 업체를 골랐던 기준은 블로그에서 운영 업체들의 성실하고 책임감 있는 마인드가 느껴지는가였다. 초기 세팅부터 유지 관리까지 문제가 생길 때마다 빠르고 친절하게 응대 가능한 곳을 찾고 싶었기 때문이다. 또, 카드결제 시 카드사로부터 3일 이내에 입금을 받게 되는데, 이때 간혹 입금이 누락되는 경우가 있으니 신경 써서 챙겨야 한다. 그래서 단말기 업체를 고를 때에는 온라인 매출 관리 프로그램이 제공되는지도 따져보자. 좋은 업체는 단말기를 구입하면, 전산으로 업체등록을 해주어서, 카드 매출 관리 시스템 아이디를 부여해주기도 한다. 그러면, 기간별 매출 통계와 카드 입금 예정 일자도 확인할 수 있어 편리하다.

사업장에서 결제할 수 있는 카드 단말기를 갖추었다면, 다음에는 앱 결제도 함께 준비하자. 이는 실물 카드를 가지고 직접 방문 결제하거나, 혹은 아이 편에 보내는 분실 위험을 감수하지 않고 학부모가 모바일로 직접 결제할 수 있는 안전한 방법이어서 추천한다.

단말기를 구입하고 나면, 주요 카드사들과 가맹점 계약을 맺어야 한다. 이때, 단말기 업체에서 가맹 업무를 대행해주기 때문에, 사업자 등록증, 사업자 통장 사본, 신분증, 외부 간판 사진, 교습소 내부 사진, 그리고 도로명 주소를 확인할 수 있는 외벽 사인물을 사진으로 제출해야 한다. 카드사에서 실제 영업을 하는 곳을 확인할 수 있는 여러 가지 증거들을 요구한다고 생각하면 된다. 카드사의 가맹 승인 소요 기간은 최대 일주일 정도이니, 학원 오픈 일자를 잡았다면 미리 가맹 신청부터 해 두는 것이 좋다.

모바일 앱 결제 또한 여러 가지 업체가 있다. 앱 결제 시스템을 이용하고자 할 때도 앱 결제 업체에 카드사 가맹점 등록을 위한 동일한 서류들을 보내야 한다. 승인되고 나면, 학부모 카톡으로 결제 청구서를 전송할 수 있다. 유료 서비스이기 때문에 청구서 발송 건당 얼마를 내야 하지만, 휴대폰 앱 결제를 사용하면서 교육비 미납 건이 많이 줄어 강력히 추천한다. 결제일이 공휴일이나 주말과 겹치면, 다음 주로 결제가 넘어가는데, 앱 청구서는 달력상의 빨간 날에도 전송할 수 있으므로, 빠른 결제를 끌어낸다는 이점이 있어 좋다.

결제 시스템을 준비하였다면 이제 학생 관리에 필요한 시스템을 세팅할 차례이다.

공부방과 1인학원은 초등학생들이 주를 이루므로, 안전하게 등원하였는지, 또 언제 하원 하였는지를 알려주는 서비스를 하는 것이 좋다. 이른바, 출결 관리시스템이라고 하는 것이다. 검색해보면 많은 출결 관리업체들을 찾을 수 있다. 관리 화면이 단순하면서도 현황을 파악하기 편리하게 구성되어 있는 곳으로 선택하면 되겠다. 그중에는 휴대폰 문자 서비스를 이용하여 무료로 사용 가능한 곳도 있으니, 잘 알아보자. 발품을 파는 만큼 매월 고정 지출을 줄일 수 있다.

○ ● ○ ○

오픈 전후 온·오프라인 홍보법

운영에 필요한 모든 준비를 끝내고 오픈 일자가 일주일 앞으로 다가오면, 본격적으로 학원 홍보를 준비하자.

가장 먼저 할 일은 온라인 홍보인 '네이버 스마트플레이스'라고 하는 지역 정보 검색 서비스 등록이다. 여기에 등록해서 내 학원이 인터넷에서 검색되게 노출을 하자. 지역플레이스에 등록을 하면 학원의 위치와 정보가 쉽게 검색되므로 효과적으로 홍보할 수 있다. 등록 방법은 아래와 같다.

네이버 스마트플레이스 등록방법

사업자 등록증 사진, 매장 사진 내부, 외부 간판 사진 등 홍보하고자 하는 퀄리티 있는 사진 파일 준비 ▶ 네이버 로그인 ▶ 스마트플레이스(Https://smartplace.naver.com) 접속 ▶ 업체 등록 바로가기 클릭 ▶ 신규 등록을 위한 '중복업체정보 확인' 클릭 ▶ 학원 등록정보 입력(학원 운영기관, 교습소 이름, 대표 키워드 등) ▶ 네이버에서 무료제공하는 사업자용 050으로 시작하는 스마트콜 설정 및 무료통화연결음 설정 ▶ 웹사이트 입력란에는 블로그, 인스타그램 등 온라인 마케팅에 활용하는 플랫폼의 URL 입력 ▶ 등록완료.

사실 네이버 플레이스 홍보는 1인 학원보다는 규모가 좀 더 큰 학원에 효과적이다. 인터넷 검색은 더욱 넓은 지역까지 되다 보니, 도보 통학이 불가능한 곳에도 노출이 된다. 즉, 전화문의량이 많아지지만, 차량 운행을 안 하면 대부분 상담이 연결되지 않는 경우가 대부분이다. 1인 학원의 주요 교육 대상은 부모님이 태워주실 수 있거나, 도보로 다닐 수 있는 아이들이다. 그런 만큼 온라인 플랫폼을 통한 검색보다는 오가다가 학원 간판을 보았다거나, 기존 회원의 소개로 전화 오는 경우가 훨씬 더 유의미하다.

그렇다 하더라도 안 하는 것보다는, 한 가지라도 더하는 것이 분명 도움이 된다. 나아가 인스타그램, 네이버 블로그 등의 SNS 마케팅 등 온라인으로 할 수 있는 것은 다 하자. 나아가 지역 타게팅이 가능한 당근마켓 유료 광고와 지역 맘카페 홍보까지. 마음만 먹으면 오프라인보다 훨씬 더 다양하게 내 학원을 알릴 수 있다. 하지만 1인학원 원장 혼자 이 모든 것을 한 번에 다 하려다 보면 지칠 수 있다. 차근차근 하나씩 실천해보자.

먼저, 내가 가장 추천하는 첫 번째 홍보는 지역 맘카페를 이용하는 것이고, 두 번째는 네이버 블로그, 그다음은 당근마켓 등의 지역

앱을 활용하는 것이다.

카페 홍보를 위해서는, 먼저 네이버나 다음 등의 '지역 맘카페'를 검색하여, 가장 회원이 많고 활성화되어 있는 곳에 가입하자. 보통 등업 절차를 거치는데 게시물을 올릴 수 있는 등급이 되면, 업체 홍보란을 이용할 수 있게 된다. 나도 가장 처음 한 온라인 홍보가 바로 카페를 통한 것이었다. 업체 광고란에 오픈 이벤트 소식을 게시했고 댓글 신청과 문자 신청을 통해 학부모 소스도 확보할 수 있었다. 현재 재원생 가운데 1/3이 이 오픈 파티에 참석했던 친구들이었던 사실을 볼 때, 맘카페 홍보는 꽤나 효과적인 마케팅이었다.

다음은 팬데믹 이전에 내가 했던 오프라인 대면 이벤트이다. 참고하였다가, 팬데믹 이전의 삶을 되찾게 되면 한 번 활용해보자.

먼저, 지역 맘카페를 통해 '오픈 기념 이벤트'를 알렸다. 이를 통해 공부방에 관심 있는 가망 회원들을 확보했고, 이들이 신규회원 등록으로 이어지도록 '마케팅 소스 관리'를 했다. 먼저, 무료 크리스마스 파티를 열었다. 친구나 형제 1명씩 함께 올 수 있도록 하였고, 이벤트에 참석한 친구들의 방명록을 작성케 했다. 방명록에는 학생 이름과 학부모 전화번호, 학년 등의 기초 정보 기입란을 만들었다. 파티가 끝난 후에 초대받아 온 학생들의 사진을 예쁘게 편집하여 학부모들께 문자메시지와 함께 보내주었다. 추억을 선물하면서 자연스럽게 오픈 소식을 건넬 수 있어 일석이조였다.

이때, 주의할 점이 있다.

자칫 영업이라고 여겨 부담스러워할 학부모도 있으니, 학원이 생겼다는 것만 알 수 있도록 간단한 인사만 건네자. 이후 답장이 오거나 영어교육에 관심을 보이는 학부모가 있다면, 체크해 두었다가 학원 이벤트나 교육 정보 등을 지속해서 제공하면서 관리하자. 관심을 보인다고 하여도 성급하게 전화를 거는 것은 금물이다. 부담스러워서 마음을 닫을 수도 있기 때문이다. 반드시 학부모가 먼저 교육에 관심을 보이실 때까지 기다려야 한다. 섣불리 영업하려 하다가는 오히려 부담스러운 학원장으로 낙인찍힐 수 있으니 자제하는 것이 좋겠다.

이처럼 학원 마케팅에서 유념해야 할 것이 있다. 학원의 홍보 이벤트가 나에게만 유익한 일이 되면 안 된다는 것이다. 다시 말해, 학생을 모집하기 위해서, 학원을 홍보하기 위해서 그들을 귀찮게 한다는 느낌을 주면 안 된다는 뜻이다. 제공하는 유무형의 서비스가 원장이 아닌, 학부모에게 유익한 것임을 부각해야 한다. 그것이 이벤트에 초대된 아이들을 즐겁게 해주는 일이든, 추억이 담긴 사진을 선물하는 것이든, 단순히 교육 정보를 제공하는 것이든 학부모로 하여금 고마운 마음이 들도록 해야 한다. 그러면 호감을 품은 채 지내다가, 아이의 교육이 필요한 시점이 되면, 자연스레 해당 학원을 떠올릴 것이다. 이렇게 되면 마케팅에서 말하는 '각인'이 제대로 된 것이며, 그것으로 오프라인 홍보는 성공한 것이다.

나의 경우, 개원 파티에 초대받았던 친구 중 첫 달에 5명이 등록을 했고, 나머지 아이들도 1년여 기간에 걸쳐 꾸준히 등록하였다. 이는 현 재원생 수의 30% 정도나 된다. 즉, 10명 중 3명은 오픈 파티 때 왔던 친구들이라는 이야기이다. 이러한 오픈 홍보가 처음부터 폭발적인 반응이 있지는 않았지만, 씨를 뿌린다는 마음으로 홍보해두면, 공부가 필요한 시점이 되었을 때, 결국 등록하게 되었다. 오픈과 함께 학원을 각인시키는 것의 중요성을 깨닫게 되는 경험이었다.

아쉽게도 2020년부터는 코로나 감염병 때문에 오프라인 이벤트를 못 하고 있다. 팬데믹 상황에서는 마스크를 쓰고 하는 소규모 체험학습이나 줌 화상 학부모 설명회 등으로 대체하는 것이 현실적이다. 눈치 보지 않고 할 수 있는 전단지 배부 등의 오프라인 야외 홍보는 언제든 열려 있으니, 발품도 열심히 팔아보자.

회원이 등록했다고 해도, 이제 그들을 우리 학원의 팬으로 만들어야 하는 2차 과제가 남아있다. 재원생 이탈을 막기 위한 학부모와의 소통방법에 대해서는 Part 04에서 보다 자세히 다루겠다.

Part 03.

Business On

이제 실전이다

★ ★ ★ ★ ★ ★ ★ ★ ★ ★ ★ ★

○●○○

사업가 이전에 교육자임을 잊지 말 것

교습소를 오픈하기 전날, 남편과 함께 텅 빈 교습소 공간에 서서 기도했다. 학원이 대박 나게 해 달라는 기도 대신, 선한 영향력이 만나는 아이들마다 전해지게 해달라는 기도를 했다.

아이들을 사랑으로 가르치게 하소서.
이러한 사랑이 학부모들께도 전해지게 하소서.
한 명 한 명 귀하게 여기고, 나의 자녀를 대하듯 소중하게 여기게 하소서.
아이들을 마음으로 사랑하게 하소서.
선생님에게 상처받은 아이들이, 어른을 다시 보게 하소서.
하나하나 인격적으로 존중받는 아이들로 크게 해주소서.
공부를 못해도 따뜻한 위로와 격려를 하는 교사가 되게 하소서.
공부에 상처가 있는 아이들이 공부를 새로운 눈으로 바라보게 하소서.
엄마 손에 억지로 이끌려온 아이들이, 제 발로 뛰어오는 학원이 되게 해주소서.

학원 아이들이 자라나, 어른이 되었을 때, 가장 기억에 남는 선생님이 되게 해주소서.

결과보다는 과정을 중시하고 따뜻하게 독려하는 교사가 되게 하소서.

아이들이 공부로 지치고 힘들어할 때, 채찍질 대신 옆에서 천천히 함께 걷게 하소서.

물고기를 잡아주기보다는, 잡는 법을 알려주는 단호한 교사가 되게 하소서.

아이들이 잘못된 행동을 했을 때, 두려움 없이 꾸지람할 수 있는 담대함을 주소서.

옳은 것이라면 학부모 앞에서 굽히지 않는 용기를 주소서.

학생이 잘못했을 때, 꾸지람으로 인해 그만둘까 두려워 눈감지 않게 하소서. 이로써 아이들을 망치지 않게 하소서.

이 기도 내용처럼, 내가 강조하고 싶은 것이 있다.

공부방, 교습소는 아이들을 상대로 하는 직업이라는 사실이다. 교습소는 입시를 목표로 다급하게 공부하는 중고등학생이 아닌, 주로 초등학생을 대상으로 하는 만큼 공부 한 자 더 가르치는 것보다 더 중요한 것이 있다. 아이들이 교사로 인해 상처받지 않고 즐겁게 공부해야 한다는 것이 바로 그것이다. 그래야 아이들이 선생님을 좋아하게 되고, 또 나아가 힘든 공부를 그나마 할 만한 것으로 인식하게 될 것이기 때문이다.

생각해보자. 가뜩이나 공부가 힘들고 싫은데 선생님까지 싫다면, 누가 학원에 오고 싶겠는가. 제아무리 학부모가 억지로 보낸다고 하여도, 아이들의 마음을 얻지 못하면 소용없다. 자식 이기는 부모 없다. 처음에는 우격다짐으로 보내겠지만, 지속해서 학원 가기 싫다고 얘기한다면 그만둘 수밖에 없는 것이다. 그래서 교습소의 흥망은 아이들의 마음을 얻는 것, 그다음이 학부모의 신뢰를 얻는 것에 달려 있다고 해도 과언이 아니다.

언젠가 다른 학원에 다니다가 옮겨 온 친구에게 그 이유를 물은 적이 있다. 친구의 충격적인 이야기를 듣고 나는 내 귀를 의심했다. 친구가 시험을 못 봤다고 하여 아이 보는 앞에서 선생님이 시험지를 찢었다는 것이다. 물론, 선생님이 그런 히스테릭한 모습을 보였을 때는 정황이 있었을 것이다. 그렇다 하여도 나는 그것이 아이에게는 평생 잊지 못할 상처로 남을 것으로 생각한다. 이유 여하를 불문하고, 그것은 명백한 무언의 폭력이다. 어떤 이유에서도 나는 아이들에게 상처를 주는 일은 없어야 한다고 생각한다. 언어폭력도 폭력이고, 이와 같은 무언의 폭력도 폭력이다. 서로가 서로를 존중하고 이해한다면, 그런 과격한 행동이 아니어도 발전적인 관계로 만들어나갈 수 있다고 생각한다.

우리는 사업가이기 이전에 교육자이다.

'교육'이란 무지의 상태에 가까운 아이에게 건강한 학습 동기를 부여하고 개개인의 자존감을 향상시켜, 사회에 필요한 인재를 양성하는 것으로 정의된다. 나는 여기서 우수한 인재를 양성하는 것보다 더 우선 되어야 하는 것이, 바로 건강한 학습 동기 부여와 학생의 자존감 향상이라고 생각한다.

긍정적인 언어와 긍정적인 메시지로 상호 이해와 존중이 바탕이 된 학습 공간으로 만드는 것. 이것이 학생의 성적을 올리기 위해 충격 요법을 쓰는 것보다 우선시 되어야 한다고 믿는다.

결과 중심의 '빠른' 교육보다 과정 중심의 '바른' 교육을 하는 내가 되기를 바라며 힘들 때마다, 위의 기도들을 떠올린다.

이심전심으로 이 기도가 아이들에게 매일 전해질 때, 학원은 사랑을 갈구하는 아이들로 넘쳐날 것이라고 믿는다.

○●○○

1인학원 원장의 프로페셔널한 자기 관리

공부방은 교육사업 중 가장 작은 규모의 사업형태이다. 하지만 규모가 작다고 마인드까지 작아질 필요는 없다. 나는 비록 교습소 원장일지라도 마치 중대형 규모의 학원장인 것처럼 매일 출근 전 마인드셋을 한다. 이러한 마인드는 밖으로도 표출되기 마련이고, 이렇게 되면 전문적인 교육인의 모습으로 학부모에게 신뢰를 주는 이미지를 만들 수 있다.

먼저, 자신의 이미지메이킹부터 시작하자. 복장부터 시작해서 메이크업, 패션 소품들을 활용하여 세련되면서도 지적인 느낌의 패션을 추구하도록 하자. 특히나 영어학원은 이미지가 더 중요하다고 볼 수 있다. 외국물을 좀 먹은 듯한 세련되고 조금은 화려한 이미지도 도움이 된다. 교사라고 해서 고리타분한 패션을 할 필요가 있을까? 염색도 좀 갈색 톤으로 밝게 하고, 유행 코드도 열린 마음으로 잘 받아들이는 현대적인 이미지를 보이는 것도 좋다. 나는 일부러 더 화려한 목걸이나 귀걸이를 하면서 고급스러운 이미지를 주려고 노력한다.

메이크업도 마찬가지이다. 아이컨택을 하면서 상담을 하기에 또렷한 눈매를 만들어 주는 아이 메이크업은 각별히 더 신경 쓰는 것이 좋다. 하의는 편하게 입되, 상의는 되도록 비즈니스 재킷을 갖춰 입자. 상담이 있는 날에는 연한 향수도 뿌리자. 이렇게 외적인 이미지가 갖추어 졌다면 어투나 제스처, 매너와 같은 내적인 이미지 메이킹에도 신경 쓰자. 공손한 말투와 부드러운 목소리, 그리고 적절한 빠르기의 말 속도까지 이 작은 요소들이 모여 하나의 큰 이미지를 형성한다. 심지어 이 모든 이미지는 단 몇 초 안에 결정된다고 한다. 학부모들이 상담하러 왔을 때, 인사를 주고받는 순간부터 상담석에 앉기까지의 짧은 시간 내에 아이를 여기에 맡길지 말지 결정된다는 뜻이다. 명심하자. 호감이 가는 전문교육인의 이미지를 구축하는 것은 교육 내용만큼이나 중요하다.

이처럼 호감과 신뢰도가 형성된 상태에서 열린 마음으로 상담에 응하게 되면 상담에서도 더 좋은 결과를 끌어낼 수 있다. 특히나 내 집에서 수업하는 공부방의 경우, 이미지 메이킹은 더더욱 중요하다. 따로 출퇴근을 하지 않기 때문에 복장이나 차림새에 신경을 덜 쓰기가 쉽기 때문이다. 평범한 주부 같은 이미지, 옆집 아줌마, 옆집 아저씨 같은 이미지를 보여서는 안 된다. 여성이라면 헤어·메이크업에 신경 쓰고, 남성이라면 말끔한 이미지를 주는 남방과 캐주얼 재킷 정도는 반드시 갖춰 입도록 하자.

또 젊어 보여서 나쁜 것이 없으니, 흰 머리가 있다면 염색을 권한다. 부지런하고 깨끗한 이미지를 주기 위해 손톱 손질과 핸드크림, 페이스 로션 등의 기초 화장품을 사용하도록 한다. 특히나 흡연자라면, 입에서 담배 냄새가 배어 나오지 않도록 특히 신경 쓰도록 하자. 또한, 공부방의 환경과 인테리어 또한 면학 분위기가 조성되어 보이도록 하는 것이 좋다. 가족사진이라든지, 자녀의 장난감, 여기저기 널브러진 간식 등의 세간살이는 안 보이도록 하고, 특히나 상담 시에 학부모들이 사용할 수 있는 화장실의 청결과 위생은 특별히 신경 쓰는 것이 좋다. 공부방을 운영하다 보면 남학생들의 소변 방울이 여기저기 튀어 이로 인한 악취가 골칫거리로 느껴질 것이다. 탈취제나 잦은 물청소 등으로 화장실의 불쾌한 냄새가 공부방에서 나지 않도록 관리하자. 그리하여 일반 가정집 느낌보다는 교육기관이라는 느낌이 단번에 들도록 노력하자.

주방과 거실 사이에는 사무용 칸막이 등을 놓고, 주방 쪽이 보이지 않도록 함과 동시에 아이들의 우수한 학습 성과를 보여줄 수 있는 학습장이나 상패, 그리고 전문 교습인의 이력이 될 수 있는 자격증이나 교습 등록증 등을 액자에 넣어 현관 쪽에 진열하자. 교습소의 경우라면, 교습 환경에 대해서는 공부방보다는 덜 신경 써도 된다. 이미 상가 자체를 얻어서 간판을 걸고 하는 데다가, 학습에 필요한 것들만 구비되어 있으므로 저절로 면학 분위기가 나기 때문이다.
또한, 온라인상에 노출되는 학원장의 이미지도 마찬가지이다. 프로페셔널한 이미지를 갖추기 위해서는 원장의 사생활 노출을 제한하는 편이 좋다. 비전문적인 이미지 대신 전문가다운 이미지들로 바꾸는 것이 좋다.

첫 번째로 관리할 것은 카카오톡 프로필 사진이다. 누구랑 어디를 가서 무엇을 했고, 휴가 동안 어디 가서 무얼 먹었는지 등 구체적인 모습을 담은 사진 등은 내 학원 브랜딩에 도움이 되지 않는다. 학부모, 그리고 아이들은 선생님에게 기대하는 이미지가 있다. 일상을 담은 사진들을 보는 순간, 친근함은 느낄 수 있겠지만, 교육 전문가의 이미지에는 금이 갈 것이다. 카톡 프로필 사진은 학원의 간판이나 프로페셔널한 느낌을 주는 사진들로 대체하자.

이처럼 학원 운영을 할 때, 스마트폰을 하나만 사용하면 여러 가지로 불편함이 따른다. 개인 핸드폰에 사업장 홍보 사진을 올리면, 내가 어디서 무슨 일을 하는 사람인지, 알리고 싶지 않은 상대에게 마저 자동으로 노출되기 때문이다. 반대로, 소중한 가족들과 함께한 시간이나 자녀들의 이쁜 모습을 기억하고 싶어서 프로필 사진에 올리면, 학부모들에게 비전문적인 모습을 보이게 되고, 학원 홍보도 할 수 없다. 그래서 나는 대안으로 업무 핸드폰을 따로 쓸 것을 권한다. 개인 핸드폰과 업무 핸드폰을 분리해서 쓰면 여러 가지 장점이 있다. 가장 큰 장점은, 사생활과 비즈니스가 명확히 구분된다는 점이다. 쉴 때는 업무 핸드폰을 끄면 된다. 물론 내 사업을 하면서, 쉬는 날이 있겠냐마는, 고객을 응대하고 싶지 않은 날도 있기 마련이다. 그럴 때는 업무 핸드폰 전원을 끄면 간단히 해결된다.

업무 핸드폰을 구분해서 사용하는 것의 두 번째 장점은 교육문의 전화가 왔을 때 응대를 보다 잘할 수 있게 된다.

업무 핸드폰으로 모르는 번호가 뜨면 대부분 상담 전화일 확률이 높다. 따라서 전화를 받기 전 목소리를 가다듬는다거나, 조용한 장소로 얼른 이동하여 상담에 좀 더 집중할 수 있게 된다. 여기에 학원을 소개하는 컬러링 서비스까지 신청해 두면 금상첨화다. 전화가 연결되기 전까지 긍정적인 멘트들을 들으면서 신뢰감을 줄 수 있기 때문이다.

'안녕하세요. ○○교습소입니다. 전화해 주셔서 감사합니다. 풍부한 경력과 철저한 학습관리로 최선을 다하겠습니다. 잠시만 기다리시면, 연결해드리겠습니다'와 같은 멘트 정도면 무난하다.

학부모는 어떤 학원을 선택할까?

학부모의 선택을 받으려면 어떤 학원이 되어야 할까. 많은 경쟁업체 중, 학부모의 선택을 받기 위한 기준은 크게 5가지로 압축할 수 있다.

앞에서도 언급한 바와 같이, 공부방은 주로 초등학생을 메인으로 하는 곳이 많다. 따라서 가장 중요한 것은 입지이다. 차를 타고 멀리 가야 하는 중대형 학원보다는, 걸어서 10분 이내로 갈 수 있는 가까운 곳을 선호한다. 학교와 학원 스케줄이 빠듯한 중고등학생들도 오고 가는 시간을 줄일 수 있는 가까운 곳을 선호한다. 학원 셔틀버스는 운행 코스를 고려하여 스케줄대로 이용하기 때문에 기다리는 시간, 코스를 도는 동안 버려지는 시간이 발생하게 된다. 저녁 먹을 시간도 없어 편의점 간식으로 허기를 채운다면 건강에 대한 염려도 배제할 수 없다. 상황이 이렇다 보니, 규모는 작더라도 집 가까이에 좋은 학원이 있다면 굳이 자녀를 고생시킬 이유가 없다. 공부방, 교습소의 가장 큰 경쟁력은 바로 '입지'라는 점을 염두에 두면,

학원의 마케팅 시 이러한 니즈를 가진 틈새를 파고들 수 있다.

　두 번째는 커리큘럼이다. 교육 상담을 할 때, 실질적으로 학부모들이 가장 궁금해하는 부분이다. 따라서 나는 "여기 커리큘럼이 어떻게 되나요?"라는 질문에 정확하고도 간결하게 답변할 수 있도록 충분한 연습을 해 둘 것을 권한다. '커리큘럼', 줄여서 '커리'라고도 하는 이 용어의 정확한 뜻은 무엇일까. 커리큘럼(curriculum)이란 학생이 정해진 교육 목표를 달성하기 위해 일정한 순서나 정해진 코스를 따라서 공부하는 모든 과정을 말한다. 요약하자면, 학습프로그램이나 지도 방법을 통칭하는 전체 교육과정으로 정의된다. 이 질문에서 초보 원장이 하는 실수가 있다. 복잡한 커리큘럼 표를 펼쳐 놓고 장황하게 설명하는 것이 바로 그것이다.

　학부모가 이런 질문을 할 때는 그런 난해한 표를 통한 지루한 답변을 듣고자 하는 것이 아니다. 내 아이가 어떠한 프로그램으로 어떻게 학습을 해나가는지를 알 수 있는 단순한 설명이면 충분하다. 그런 만큼 실제 수업 방식에 대한 궁금증을 해결해주면 된다. 그룹 수업인지 개별 수업인지, 그리고 코칭 방식인지 티칭 방식인지, 소수 정예인지 1대 다의 수업인지, 그리고 주 몇 회, 몇 분 수업인지, 어떠한 교재로 얼마나 꼼꼼하게 지도를 하는지 등 실질적인 내용들이 궁금한 것이다. 이러한 설명을 들으면서 내 아이의 성향과 잘 맞는 곳인지를 판단한다. 아무리 커리큘럼이 탄탄하고 좋다 해도 내 아이와 맞지 않으면 소용이 없다는 것을 알기 때문이다.

학원을 선택하는 학부모들의 다음 기준은 바로 숙제에 관한 부분이다. 숙제가 많은 곳인지, 적은 곳인지에 따라 그 학원의 교육 열의를 파악할 수 있기 때문이다. 학부모들은 상담을 오기 전에 온라인 카페나 블로그 등에 노출되어 있는 학원에 관한 정보를 검색한다. 학구열이 높은 지역일수록 숙제량이 많은 학원을 선호하는 경향을 보인다. 하지만 지역적인 특성 외에도 부모의 교육 목표나 교육관에 따라 개별적 차이를 보인다. 숙제를 많이 내서 집에서도 계속 공부하는 모습을 보고 싶어 하는 학부모와 그렇지 않은 학부모로 나뉜다. 교육 목표가 뚜렷하거나 자녀에 대한 기대치가 높은 부모들은 숙제를 많이 내는 곳을 찾는다. 반면, 스트레스받지 않고 남들 하는 정도로만 따라가면 된다는 목표를 가진 부모들은 숙제량이 많지 않은 곳을 찾을 것이다.

이처럼, 학부모마다 원하는 바가 다 다를 수 있다. 따라서 한 분 한 분 그들의 니즈를 파악하고 거기에 눈높이를 맞추어 상담하려 노력한다. 가령, 숙제를 많이 내는 곳을 찾는 분께, '우리는 숙제를 거의 내지 않습니다'라고 상담한다면 다른 곳을 찾아보라는 이야기밖에는 되지 않을 것이다. 반대로, 아이가 숙제 스트레스 없이 공부했으면 좋겠다고 생각하는 학부모에게는 아이에 따라 숙제량을 조절하는 개별맞춤 수업이 가능하다는 것을 어필한다.

상대의 니즈를 파악하지 못하고, 누구에게나 똑같이 어필하는 것은 좋은 상담이 아니다. 소규모 학원의 가장 큰 장점은 바로 유연성이다. 덩치가 작기 때문에, 원장 혼자서 운영하기 때문에 무엇이든 유연하게 대처할 수 있다는 점을 어필하자.

'거기 가면 공부를 많이 시킨다더라, 거기 가면 숙제를 많이 안 내서 좋다더라' 하는 학원의 확실한 색깔도 좋지만, '거기 가면 누가 가더라도 원하는 만큼의 학습량을 조절해 주어서 좋더라' 하는 것이, 보다 폭넓은 고객층을 확보할 수 있는 길이기 때문이다. 누가 오더라도 만족할 수 있는 곳. 개별맞춤 학습과 개별맞춤 상담을 어필한다면, 신규생 등록률은 자연히 올라갈 것이다.

앞에서 이야기한 학원 선택의 세 가지 기준 외에 가장 중요한 것이 하나 더 남아있다. 그것은 바로, 맘카페나 주변 지인들의 입소문과 리뷰이다. 특히나 선생님이 어떤 사람인지에 대한 후기가 중요한데, 열정적이면서도 꼼꼼한 학습관리는 기본이요, 학부모들과 기분 좋게 소통할 수 있는 따뜻하고 상냥한 느낌이 더해진다면 더없이 좋다. 교육 상담과 결정은 학부모가 한다 해도, 결국 아이를 마주 대하는 사람은 바로 선생님이다. 따라서 자녀가 좋아할 만한 선생님인지를 고려할 수밖에 없다.

아이들도 기왕이면, 젊고 이쁜 선생님, 기왕이면 상냥하고 친절한 선생님, 여기에 부드러운 카리스마까지 갖춘 원장이라면 더 고민할 이유가 없다. 따라서 아이가 함께 상담 왔을 때, 아이에게 좋은 인상을 주기 위해 노력해야 함을 잊지 말자. 학부모 마음에 든다 해도, 아이가 다니기 싫다고 하면, 말짱 도루묵이다.

○●○○

학원 등록의 첫 관문, 전화 상담하기

상담의 첫 형태는 대개 전화 문의이다. 전화 상담이 곧 우리 학원의 첫인상이라고 볼 수 있다. 따라서 문의 전화가 걸려오면, 최대한 상냥하고 친절하게 응대하자. 몇 마디 나누어보면 원장의 마인드 및 성격 등을 가늠해볼 수 있다. 따라서 전화 상담에서 최대한 좋은 인상을 주도록 애써야 한다. 만일, 전화 상담에서 원장이 퉁명스럽게 말한다거나, 차갑고 사무적인 느낌이 들게 응대를 한다면, 방문 상담으로 이어지기 힘들 것이다.

전화 상담은 방문 상담으로 이어지는 첫 번째 관문이다. 방문 상담으로 연결되어야 현장에서 구매가 일어난다. 나는 전화로는 커리큘럼이나 깊이 있는 상담을 안 한다. 학부모가 알고자 하는 것을 전화로 다 알게 되면 굳이 방문을 안 할 수도 있기 때문이다. 따라서 전화로는 간단하게 학생의 성별, 나이, 다니는 학교 등의 정보만을 묻고, 바로 방문 상담 예약을 도와드린다. "자세한 것은 방문 상담 시에 더 자세히 안내해 드리겠습니다"라고 하고 짧게 끝내는 것이 좋다.

전화 상담을 짧게 하는 또 다른 이유는 실제로 정확한 상담을 위해서이기도 하다. 의사가 전화로만 문진하지 않듯이, 교사도 학생을 보아야 아이의 학습 수준을 정확히 파악할 수 있다. 그래야만 정확한 학습 상담도 가능하다. 따라서 깊이 있는 대화는 전화보다는 방문 상담에서 나누도록 하자. 만일, 상담 예약을 잡으려 할 때, 시간이 없다며 방문을 꺼리는 학부모가 있다면, 너무 애쓰지 말자. 학원을 알아보면서, 선생님을 만나보지도 않고 전화로만 물어보는 사람은 없다. 방문하지 않으려고 한다면, 이미 안내한 내용 중, 마음에 안 드는 부분이 있다는 얘기이니, 너무 힘 빼지 말고 마무리해도 좋다.

상담도 자꾸 하다 보면, 이와 같은 옥석을 가려낼 수 있게 되는 안목이 생길 것이다.

○●○○

등록 확률을 높이는 방문 상담 준비하기

방문 상담이 잡히면 상담에 필요한 준비를 30분 전까지 준비해 두는 것이 좋다. 간혹 약속 시간보다 일, 이십 분가량 일찍 오는 경우도 있기 때문이다.

상담 테이블에는 먼저 상담 기록지, 아이 레벨 테스트지, 아이 학년에 맞는 교재, 회원 등록지 등을 준비한다. 상담 기록지에는 전화 상담 시 물어본 학생의 정보를 미리 기재해두고, 상담 전까지 짬짬이 외우도록 한다. 그래서 학생이 문을 열고 들어올 때, 다정하게 이름을 부르면서 맞이하는 것이 중요하다. 아이에게도 선생님에 대한 첫인상이 형성되는 순간이기 때문이다. "안녕~ 어서 와. 네가 ○○이구나! 반가워~" 하면서 진심으로 반갑게 맞이해주자.

상담 도중에 아이의 이름을 까먹지 않도록 주의하고, 혹시나 자신이 없다면, 상담 신청서에 미리 이름을 써 두는 것도 괜찮다. 이름을 불러준다는 것은 학생에게 친근감을 표현하는 가장 간단한 방법이다. '아영'인데 '아현'으로 잘못 부른다든지 등의 이름을 잘 못 부르는 실수는 절대 하지 않도록 유의하자. 특히나 자아가 형성되어가는 초등 고학년 친구들은 이러한 실수를 용납하지 않는다. 말은 못 해도 속으로는 '저 아영인데요!' 하며 반감을 가지게 될 것이다. 예민한 사춘기 아이들의 이름을 잘 못 부르면 그때부터 삐딱선을 탈 수도 있다. 나에 대한 관심이라고 여길 것이기 때문이다. 따라서 상담 전에 몇 번이고 불러보면서 입에 익숙해지도록 연습하자.

성공적인 방문 상담을 위한 두 번째 준비 사항은 '회원 가입서'이다. 프랜차이즈 공부방의 경우, 본사에서 제공하는 회원 가입 양식이 있겠지만 만일, 개인 공부방이라면 반드시 별도의 양식을 만들어 활용하길 바란다. 회원 가입서가 있으면, 보다 전문적이고 체계적으로 일한다는 신뢰감을 줄 수 있다. 또, 싸인한다는 것은 약속을 가시화하는 것이기도 하다. 따라서 상담 이후에도 마음을 변치 않게 하는 데 도움을 준다.

이때, 회원 가입서의 수많은 기입란마다 다 기재해달라고 그대로 내밀어서는 안 된다. 회원 등록에 필요한 최소한의 정보란에만 형광펜으로 체크를 해 두고, 가입서를 쓰는 것이 간단하게 끝나야 한다. 이것저것 불필요한 것들을 응답해 나가면서 가입서 쓰는 시간이 길어지다 보면, 변심의 기회를 주는 것이나 다름없다. 손으로는 가입서를 쓰면서, 머리로는 '정말 다른데 더 안 알아보고 여기에 등록해도 괜찮을까? 지금이라도 한군데 더 알아볼까?' 하는 마음이 생길 수도 있다. 그러니 회원 등록지를 작성할 때는 맨 하단의 성함, 서명란 까지 도달하는 시간을 최대한 단축하는 것이 좋다. 이렇게 회원 가 입 절차를 간소화하는 것이 등록률을 높이는 또 하나의 팁이다.

상담하다가 결심을 하신 것으로 보여지면, 회원 등록의 절차들 을 신속히 진행한다. 나는 전화 상담으로 얻은 기본 정보, 학생 이 름이나, 학년 등은 미리 내가 써 놓는다. 심지어 주소란에도 아파트 동 호수만 적으면 된다고 안내한다.

가입서를 받고 나면 그다음으로는 첫 수업시간을 논의한다. 그러 면 대부분 결제까지 자연스럽게 이어진다. 수업시간 논의는 등록하 기로 마음을 먹었다는 뜻이기 때문이다. 최종적으로 결제를 부탁드 리고 상담을 마무리한다.

상담을 길게 한다고 해서 등록률이 올라가는 것도 아니다. 괜스 레 서로 지치기만 할 뿐이다. 나의 다년간의 상담으로 비추어 볼 때, 정말로 할 사람은 딱 중요한 것만 물어보고 결정한다. 그래서 나는 길게 늘어지는 상담보다는, 30분 정도로 짧게 하려 노력한다. 임팩 트있게 상담하고 빠르고 정확하게 학부모의 결정을 이끌어냈을 때, 항상 결과가 좋았기 때문이다.

만일, 등록지에 사인하고, 집에 가서 결제하겠다고 하고 헤어진 다면, 그 사이에 마음이 변할 수도 있다. 따라서 현장에서 결제까지 하는 것이 가장 확실하다. 결제를 하고 나면, 환불이 번거로워서라도 결심을 물리지 않는다. 이러한 이유로 학부모들은 가장 마지막 순간에 지갑을 여는 것이다. '여기다'라는 강한 확신이 들 때, 결제를 하는 것이다. 신규생의 등록은, 결제가 이루어져야 진짜 끝나는 것임을 기억하자.

만일 "애 아빠랑 상의해보고요…" 혹은 "지갑을 안 가져와서 집에 가서 계좌이체 할게요…"라고 말한다면, 조금 더 고민해 보면서 시간을 벌기 위한 경우가 대부분이다. 학원 상담을 오면서 결제 수단을 지참하지 않는 학부모는 없을 것이기 때문이다. 마음에 들면 바로 결제까지 해야 할 것을 아는데 지갑을 안 가져올 사람이 있겠는가? 쉬운 예로 식당에 들어가면서 지갑도 안 가져가는 사람이 과연 몇이나 되겠는지를 생각해보면 답이 될 것이다.

계좌이체를 해주겠다는 분들께도 '오늘 몇 시까지'라는 데드라인을 얘기하자. 그렇지 않으면 입금을 미루다가 공들인 상담이 불발되는 아픔을 겪을 수도 있다. 대개는 학원에 대한 호감도 시간이 지남에 따라 점점 사그라지기 때문이다. 인간은 망각의 동물임을 기억하자.

○●○○

쫄지 않는 담대한 상담 마인드 세팅하기

교육 경력은 있는데 상담 경력은 전무한 초보 원장들의 가장 두려운 관문은 바로 학부모와 대면하는 일이다. 전문가답게 보이는 일, 또 답변할 수 없는 내용의 질문을 받는 일이 걱정되기도 하고, 자신도 모르는 교육 동향을 나보다 더 많이 알아서 부족함을 들킬까 봐 염려되는 탓이다.

상담을 하다 보면 실제로 그런 학부모도 마주치곤 한다. 하지만 그런 분들은 주로 내가 이만큼 안다는 것을 과시하기 위한 경우가 많다. 그러므로 그냥 들어주고, 해박한 지식을 칭찬하면 화기애애한 상담 분위기를 이어 갈 수 있다. 학원에 교육 상담을 와서 교육 동향이나 입시 전략에 대해 깊은 정보를 얻으러 오시는 분은 없다. 그런 것은 학부모 입시설명회 등의 세미나 등으로 채울 수 있는 정보이기 때문이다. 대부분은 내 아이의 학습 상황에 관한 이야기를 주로 나누고자 한다. 물론, 해당 과목에 대해 전반적인 교육 트렌드 정도는 파악하고 있어야 한다. 프랜차이즈 학원의 경우에는 본사에서 분기

별로 준비하는 세미나를 챙겨 들으면 도움이 된다. 개인 학원의 경우라면, 교육 관련 도서나 교육 간행물 등의 잡지를 챙겨 읽을 것을 추천한다.

전반적인 교육과 수험 정보를 다루는 잡지로는 〈내일교육〉, 〈청소년 진로잡지 MODU〉, 〈나침반 36.5〉, 〈학교도서관 저널〉 등이 있고, 과목별로도 〈타임즈 영자신문 시리즈〉, 〈시사원정대〉, 〈우등생논술〉, 〈개똥이네 놀이터〉, 〈고래가 그랬어〉, 〈독서평설〉, 〈과학동아〉, 〈수학동아〉, 〈위즈키즈〉, 〈우등생 과학〉 등이 있으니 도서관을 방문해보자. 도서관 정기간행물 코너를 잘 활용하면 돈 안 들이고 다양한 정보들을 접할 수 있고, 전문가적인 식견을 넓히는 데도 큰 도움이 된다.

그다음은 마인드 세팅이다. 상담은 심리전이다. 따라서 상담을 주도적으로 이끌면서 나에게 끌려오는 상담이 되게 해야 한다. 너무 유하기만 해서도, 너무 고압적이어서도 안된다. 마냥 친절하고 상냥하기만 하다고 해서도 설득력을 가질 수 없다. 필요시에는 결단력 있고 강단 있는 모습을 보여주어 학부모의 결심을 끌어내야 한다. 반대로, 카리스마가 넘치는 것도 좋지만, 너무 교만하거나 상대방을 불쾌하게 하는 말투로 상담에 임한다면, 그 또한 좋은 인상을 줄 수 없다. 그래서 성공적인 상담을 위해 내가 강조하는 것이 있다면 그것은 '부드러운 카리스마'이다. 부드러움을 바탕으로 하되, 일은 정확하게, 되는 것은 되고 안되는 것은 안 된다는 메시지를 전하는 것이다. 그렇게 인식되고 나면, 상담의 칼자루는 나에게 넘어오게 되고, 소리 없는 전쟁은 대개 승리로 끝나게 된다.

　이를 위해서는 담대한 마인드로 상담에 임하는 것이 핵심이다.

　상담에서 결제권이 있는 학부모는 갑, 학원장은 을인 것이 사실이다. 하지만 생각하기에 따라 전세를 바꿀 수도 있다. 등록의 결정권이 학부모에게 있다고 해서 이끌려 다니는 상담을 할 필요는 없다. 학원장의 권력은 퀄리티 높고 차별화된 교육서비스에서 나온다. 그러므로 먼저, 교육서비스의 질을 높이는 것이 첫째요, 둘째는 당당한 자신감이다.

　아픈 환자가 의료비용을 지급한다고 하여, 의사를 함부로 대하겠는가. 제아무리 돈을 많이 낸다고 해도, 의사가 치료 안 해주면 아쉬운 것은 환자일 뿐이다. 이러한 점에서 학원장은, 학습적으로 도움이 필요한 친구들을 진단하고 처방해주는 의사와 유사하다. 학습 상황을 정확하게 진단하고 그에 맞는 학습프로그램 처방을 내려 실력을 향상시켜야 하기 때문이다.

　'이번에는 안 놓치고 꼭 등록시켜야 하는데…'라고 조급해한다면, 상대방이 그것을 먼저 읽는다. 그리되면 상담 테이블에서 우위를 잃게 될 것이고, 지는 게임이 시작될 것이다. 아무리 내가 상담 경력이 없고, 초보 원장이라 할지라도, 두둑한 배짱으로 담대하게 임해보자. 특히, 말의 속도가 빨라지지 않도록 주의하자. 말이 빨라지면 미세하게 떨리는 목소리가 더 잘 드러난다. 그러면 나의 긴장이 드러나게 되고, 경험이 부족하다고 느끼기에 되어 매력을 잃게 된다. 실패에 대한 두려움이 가득한 눈빛으로는 결코 상대를 설득할 수 없다. 상담 전에, 심호흡을 하고, 성공적인 상담 모습 등을 상상하며 긍정적인 모습을 그려보자. 긴장이 많이 되는 편이라면, 따뜻한 차를 준비해 두고, 상담 중 간간이 한 모금씩 마시는 것도 긴장을 푸는 데에 도움이 된다.

그리고 다음과 같은 좋은 생각들을 되뇌어보자.
"만날 사람은 만나게 되어있다."
"결과보다는 최선을."
반드시 등록시키겠다는 결의보다는, 편안한 마음으로 진솔하게 임할 때, 좋은 결과 또한 만들어 낼 수 있다. 설령 상담이 등록으로 이어지지 않는다고 해도, 너무 낙담하지는 말자.

나는 우주의 에너지 총량 보존의 법칙이 있다고 믿는다. 오늘 상담에 뿌린 나의 에너지는 버려지는 것이 아니다. 그 열정과 시간은 향후 더 좋은 학부모에게 날아가 적립된다고 믿는다. 모두에게 사랑받을 수는 없는 법. 오늘 상담에서 열매를 얻지 못했다 해도, 크게 낙심하지 말자. 모든 것이 다 경험이다. 나를 좋아하고 나를 필요로 하는 사람들을 만날 때까지 인내심을 가지고 기다리자. 더 많이 실패하고 더 많이 배우자. 그러면 더 빨리, 더 많이 성공할 것이다.

○ ● ○ ●

등록 확률을 높이는 신규 상담기법

상담은 사람과 사람 간의 커뮤니케이션이다. 그렇다 보니, 사람 간 친밀감을 높이는 커뮤니케이션 기법 등을 배우면 상담할 때 많은 도움이 된다. 이를테면, 아이컨택, 맞장구치기, 공감하는 말하기, 적절한 스킨십 등이 그것이다.

먼저, 상대의 눈을 맞추며 진실하게 얘기하되, 그렇다고 눈을 너무 뚫어지게 보면 부담스러울 수 있다. 특히나 마주 앉은 상태에서 눈을 똑바로 보면, 왠지 모르게 긴장되고, 대결 구도가 느껴져서 상대가 불편해할 것이다. 이러한 이유로 나는 상담 시에 좌석 배치도 중요하다고 생각한다. 사람의 마음을 가장 편안하게 하는 각도는 정면보다는 45도이다. 다시 말해, 옆으로 비켜 앉는 것이다. 병원에 갔을 때 의사가 문진하는 그 각도라고 생각하면 된다. 의사는 책상 모니터를 보면서 앉아있고 진료를 하려면 몸을 틀어야 하는 그 좌석 배치. 그것이 낯선 사람과 얘기할 때 가장 편안하게 느낄 수 있는 구조라고 한다.

그래서 나는 긴 다인용 테이블에서 가장 안쪽 끝에 있는 곳, 상석이라고 여겨지는 곳에 내가 앉는다. 그리고 서로를 향하여 45도 각도로 상체 방향을 틀어 이야기할 수 있는 자리로 학부모님을 안내한다. 내가 상석에 앉는 이유는, 상석이 가지는 눈에 안 보이는 힘 때문이다. 파티나 모임에서 상석에 앉는다는 것은, 그 자리에 앉은 사람이 주체가 된다는 암묵적인 신호이다. 재화를 제공하는 쪽은 갑, 서비스를 제공하는 쪽은 을이다. 하지만 이러한 좌석 배치로 갑을 관계를 재정의하고 주객을 분명히 할 수 있다. 이곳의 주인은 바로 나이고, 교육을 맡기고 싶다면 예를 갖출 것을 암묵적으로 전하는 특급 전략이다.

두 번째는, 아이의 마음을 사로잡는 것이다. 학원에 들어올 때도 아이에게 먼저 인사를 하고, 아이와 친밀감을 형성하기 위해 등을 토닥이거나, 악수를 하는 등의 가벼운 스킨십을 하는 것도 도움이 된다. 엄마 손에 이끌려 레벨테스트를 하러 오는 아이는 어떤 심경일까. 떨리고 선생님도 무섭게 느껴질 것이다. 이럴 때, 따뜻하고 친절한 선생님이라는 느낌을 주는 가장 쉬운 방법이 바로 아이컨택과 스킨십이다.

레벨테스트를 할 때도 학생에게 초점을 맞추며 세심히 배려해야 한다. 결과에 상관없이 맞은 문제나, 잘한 점, 진지한 태도, 집중력 등을 칭찬하면서, 닫혀있는 아이의 마음을 활짝 열어주어야 한다. 그러면 상담이 끝나기 전에, 아이가 '이 선생님과 함께라면, 공부, 할 만하겠다'라고 안심하게 될 것이다. 결정적으로 엄마가 아이에게 "넌 어때?"라고 물을 때, "엄마, 나 할래" 혹은, 말없이 고개만 끄덕여도 성공한 것이다. 그러면 엄마가 회원 등록지를 작성하기 위해 펜을 드는 모습을 보게 될 것이다.

이번에는 학부모와의 커뮤니케이션 스킬에 대해 얘기해보자.

학부모와 말할 때는 어떤 상담 스킬이 필요할까? 정답은 의외로 간단하다. 첫 번째는 호칭이다. 상대와의 관계 정립은 호칭에서 시작된다. "어머니"라는 호칭을 최대한 많이 쓰면 좋다. 그 호칭으로부터 '당신은 내가 섬겨야 할 고객입니다'라는 마인드를 느낄 수 있어 상대를 높이는 효과도 있고, 친근감을 느끼게 된다. 학부모님이 어떤 질문을 했을 경우에 "맞습니다." 보다는 "맞아요, 어머니." 라고 답했을 때, 어느 쪽이 더욱 친근감이 느껴질까? '다.나.까.' 체에 익숙한 군인이 아닌 다음에야, 대부분의 경우 후자가 더욱 살갑게 여겨질 것이다.

두 번째 커뮤니케이션 스킬은 '맞장구치기' 이다.

"네, 맞아요. 어머니…", "아무래도 그렇죠…" 하면서 학부모의 이야기를 잘 들어주는 것이다. 그간의 자녀 교육의 어려웠던 점과 아픔을 공감해주면, 호의적인 관계가 형성된다. 또, 학부모와 공통점을 찾고, "맞아요, 저도 그래요. 저랑 똑같네요…"라고 말하면서 서로의 공감대를 형성하자. 그러면 서로가 소통하는 느낌으로 화기애애한 대화 분위기를 만들 수 있다. 학부모가 마음의 빗장을 풀고

'Yes…' 끌어낼 수 있는 분위기일 때 결정적인 질문을 해보자. '네, 네' 하며 예스를 하던 사람은, 갑자기 "No"라고 하지 않는다.

아이들이 많이 하는 게임에 〈당연하지〉라는 것이 있다. 이 게임 방식은, 상대방의 어떠한 질문에도 '당연하지'라는 대답을 해야 이긴다. 욱해서 '아니'라고 하는 순간, 지는 것이다.

"너 오늘 밥 먹었지?" / "당연하지."

"너 아침에 양치했지?" / "당연하지."

"너 해외여행 가고 싶지?" / "당연하지."

"너 나랑 결혼하고 싶지?" / "… (마지못해) 당연하지."

이를 상담에 적용해 보자.

"어머니, 아이가 학교 공부 어려워하죠?" / "네."

"어머니, 오늘 레벨테스트 보러 가자고 하니까 ○○이가 안 오고 싶어 했죠?" / "네."

"어머니, 오늘 이렇게 상담 오시길 잘했다 싶으시죠?" / "네."

"어머니, ○○이 이제 월요일부터 보내주시는 거죠?" / "… (얼떨결에) 아, 네…."

이렇게 상대방이 뭔가에 홀린 듯이 자연스럽게 등록을 이끌어냈다면, 커뮤니케이션이 잘 된 날이다.

○ ● ○ ○

이것만은 하지 말자, 상담 시 주의점

이번에는 상담하면서 주의해야 할 것들을 살펴보자. 상담 시에는 어떤 것들을 하면 안 될까?

첫 번째는 등록을 유도하기 위해 과장 광고를 하면 안 된다. 일부 상위권 학생들의 학습 결과 등으로 학부모를 현혹하지는 말자. 실제로는 그렇게 똑똑한 아이들만 있지 않다. 시험만 보았다 하면 올백을 맞는 소수의 결과물로 '우리 학원에서 공부시키면 당신의 자녀도 이렇게 될 수 있습니다'라는 메시지를 주는 것은 신뢰도 줄 수 없을뿐더러 매우 위험하다. 학부모의 기대치를 높여 놓고 희망을 심어주었는데, 실제로 아이의 학습 결과가 기대에 미치지 못하면 실망감이 클 것이기 때문이다.

어쩌면 원장의 말발에 속았다는 생각마저 들지도 모른다. 그 실망감의 끝은 어디일까. 조기 탈퇴이다. 그리고 이렇게 잃은 회원은 주변 학부모들에게 부정적인 후기를 남길 수도 있다. 이는 학생 한 명을 잃는 것이 아니다. 앞으로 내 학원으로 올 수도 있을 미래의 가망 회원까지도 잃는 것이나 다름없으니, 실로 큰 손해이다.

따라서 상담은 언제나 진실하고 정직한 태도로 임해야 한다는 것을 잊지 말자. 아이의 노력 여하에 따라 학습 결과는 달라질 수 있다는 솔직함을 보이되, 열심히만 따라와 준다면 이 정도까지는 끌어올릴 수 있다고 전하면 된다. 과장보다는 차라리 현실적인 목표와 비전을 제시하는 편이 더 낫다.

두 번째 주의점은, 절대로 그룹으로 상담하지 말자는 것이다.

간혹, 친한 엄마들끼리 두 팀씩, 세 팀씩 함께 상담을 오겠다고 하는 경우가 있다. 1대 다를 겨냥한 학부모 설명회가 아닌 이상, 나는 절대 'No' 하라고 말하고 싶다. 여러 명이 한꺼번에 올 경우, 일단은 수적으로 열세가 되기 때문에, 주눅이 들 수 있다. 또, 상담 중에 각자의 질문이 끼어들기에 상담이 예상한 방향으로 흘러가지 않고 산으로 가버리게 된다. 상담의 방향을 잃게 되는 것이다.

또 그중 한 명이라도 부정적인 성향의 학부모가 있다면, 그 학부모의 발언이 나머지 학부모들의 판단에도 부정적 영향을 끼칠 수 있다. 이는 마치 옷 가게에서 여러 명이 무리 지어 다니면서 쇼핑을 할 때, 한 사람이 사려던 옷을 옆에서 별로다, 안 어울린다 하면서 사지 말라고 훈수를 두면서 결국 구입하지 않고 매장을 나가버리는 것과 똑같은 이치이다. 이 때문에 옷 가게에서는 떼를 지어 다니는 손님들이 옷을 구매할 확률이 높지 않다는 것을 알기에, 적극적으로 응대하지 않는다고 한다.

그룹 상담의 치명적인 단점이 또 있다. 그것은 아이들의 학습 레벨테스트 결과에 따라 엄마들 사이의 자존심을 건드린다는 점이다. 아무리 친한 사이라도, 내 아이가 ABC도 제대로 모르는데, 옆 친구는 영어로 자기소개를 술술 써 내려간다고 생각해보자. 당연히 실력이 뒤처지는 학생 쪽 학부모는 자존심에 손상 입을 것이다. 아이를 원망하며 "넌, 이것도 모르냐!"며 다 보는 앞에서 무안을 줄 경우, 아이가 받을 수치심과 상처는 더욱 끔찍하다.

함께 상담 왔는데 누구는 더 높은 레벨의 교재를 추천받고, 내자녀는 알파벳부터 시작해야 한다면 기분이 어떨까. 팔은 안으로 굽기 마련이다. 아마 겉으로는 자녀에게 윽박질러도, 속으로는 자녀 기죽이기 싫어서라도 다른 학원으로 보내야겠다는 결심을 하게 될 것이다. 그게 바로 모성애 아닌가. 내 돈 내고, 내 자녀 비교 받으면서 공부시킬 사람이 어디 있겠는가? 친한 사이라 하더라도 자녀 문제 앞에서는 결국 시기와 질투가 공존한다. 이렇듯 단체 상담은 함께 온 엄마들 관계를 소원하게 할 수도 있다. 결국에는 상담 온 인원 전체가 같이 안 다니는 것으로 귀결될 위험성이 있는 것이다. 한번에 여러 마리 토끼를 잡으려다가 다 놓쳐버리는 허망한 상황을 만들지는 말자.

그러니 귀한 상담 건수 두세 건을 한 꺼 번에 날려버리는 악몽을 경험하고 싶지 않다면, 반드시 상담은 1:1로 개별적으로 진행하도록 하자. 거절의 사유는 개별 상담이 학부모와 자녀에게 더 좋다는 점을 인식시키면 기분 나쁘지 않게 회유할 수 있다. 이럴 때는,

"어머님, 제가 ○○에게 집중하고 싶어서요. 괜찮으시다면, 제게 같이 오시려는 분들의 성함과 연락처를 남겨주시면, 제가 따로 연락 드려서 개별적으로 상담 예약을 도와드리겠습니다." 정도로 안내드 리면 된다.

세 번째로 주의할 점은, 나이 어린 동생은 가급적 상담에 데려오 지 않도록 하는 것이다. 부득이한 경우라면 아이가 엄마를 찾지 않 고 혼자 놀 수 있도록 준비해 두자. 미취학 아동을 동반하면, 수시 로 엄마를 부를 것이기 때문에 이야기의 흐름이 자꾸 끊어진다. 이 렇듯 상담의 맥이 끊어져 버리면, 다시 이야기하던 곳으로 돌아가야 하고, 그러다 보면 집중력 있는 상담을 할 수 없게 되어 결과가 좋지 않다. 특히나 활동성 강한 아이들이 돌아다니면 엄마가 따라다니면 서 수습을 하느라, 상담 자체의 진행이 어렵게 된다. 그러니 혹시나, 아이를 돌보아 줄 사람이 있다면, 상담 시 동반하지 않는 편이 좋고, 어쩔 수 없는 상황이라면, 학부모에게 양해를 구하고 헤드셋을 연결 하여 아이가 좋아하는 유튜브라도 잠시 보여주는 것이 좋다.

또 하나 조심해야 할 것 중 하나는 다른 학원을 비방하는 것이

다. 경쟁사나 다른 학원과 우리 학원을 저울질하는 학부모가 있다고 하자. 그럴 때, 자신도 모르게 다른 학원의 단점을 꼬집어 말하거나, 안 좋은 면을 어필하기가 쉽다. 그런 모습은 호감을 살 수가 없다. 이보다는, 차라리 내 학원의 장점을 어필하도록 하자. 또, 그 학부모가 내가 깎아내렸던 이웃 학원에 상담을 가지 말라는 법 없다. 여러 학원에 알아보고 결정하고자 하는 학부모로서는, 내가 흠봤던 그 학원에 가서 살을 붙여 전할 수도 있다. 어차피 한 동네에서 학원 아이들은 돌고 돈다. 우리는 사업가이기 이전에 교육자라는 점을 명심해서, 아름답고 정당한 경쟁을 하도록 노력하자.

마지막으로는 다른 학생의 뒷말을 하지 않아야 한다. 좋은 이야기이든, 안 좋은 이야기이든, 특정 학생의 사례를 이야기할 목적으로 재원생 이야기를 하는 것은 좋지 않다. 꼭 필요한 이야기라면, 실명을 거론하지 말고 스토리만 이야기하도록 하자. 만약, 상담 온 학부모가, 내가 얘기했던 친구의 엄마와 친분이 있는 사이라면, 얘기가 전해질 수 있다. 또 그 이야기가 어떻게 와전이 될지도 모르는 일이다. 한 번의 말실수로 인한 후폭풍은 회원 탈퇴로 이어질 것이니 재원생 이야기는 아예 입 밖으로 꺼내지 않도록 하자.

원생 한 명을 모집하는 것은 어려워도, 나가는 것은 한순간이다. 또, 분위기를 타게 되면, 친한 친구들까지도 함께 줄줄이 나갈 수 있다. 한 명 한 명을 소중히 아끼는 마음가짐은 기본 중의 기본이다.

학부모 유형 분석을 통한 상담 시뮬레이션

지피지기면 백전백승이다. 공부방을 오픈하고 첫 상담을 앞두면 생각한 것 이상으로 떨릴 것이다. 큰 학원들은 상담직 선생님들을 따로 두지만, 1인학원의 경우에는 원장 혼자서 모든 것을 다 하다 보니 상담 또한 피할 수가 없다. 교육 상담 경험이 없는 분이라면 더 더욱 떨릴 것인데, 상담 상대를 분석해 봄으로써 어느 정도 두려움을 덜 수 있다.

첫 상담이 두려운 이유는, 바로 어떤 일이 펼쳐질지 가늠할 수가 없기 때문이다. 만일 우리가 눈을 가리고 길을 걸어갈 때, 앞에 어떤 장애물이 있을지 모른다면 어떨까. 두려움에 한 걸음도 발을 떼기 어려울 것이다. 이때 만일, 일곱 걸음 앞에 뚜껑 열린 맨홀이 있고, 스무 걸음 앞에 횡단보도가 펼쳐질 것을 안다면, 아마도 도로 장애물에 대한 아무런 정보 없이 걸을 때와는 다르게 자신감이 붙게 될 것이다. 학부모 상담도 마찬가지이다. 어떠한 상담자가 나를 당황하게 할지 모르기 때문이다. 하지만 학부모 유형을 어느 정도 알아두고, 상담에 임한다면, 이에 따른 전략적인 상담이 가능하다. 모든 사람을 다 획일적으로 분류할 수는 없겠지만, 내가 다년간 상담했던 학부모들을 돌이켜보면 크게 세 유형으로 분류할 수 있을 것 같다.

유형 1. 머리형

먼저, 머리형의 학부모들은 정확한 정보와 데이터에 많이 의존한다. 정확한 커리큘럼에 대한 설명을 원하고, 목표치까지 얼마의 기간이 걸리는지, 또, 한 타임에 몇 명의 학생이 다니는지, 책 한 권을 끝내는 데 며칠이 걸리는지 등의 수치를 알고자 한다. 이러한 학부모에게는 뭉뚱그려서 '우리 학원 좋아요, 아이 실력이 많이 늘 거예요'와 같은 상담은 효과적이지 않다. 어떻게 좋은지, 얼마나 좋은지, 왜 좋은지에 대한 내용을 수치로 정확하게 풀어주어야 궁금증이 해결되고, 결심을 할 수 있다.

상담객의 유형은 초기 전화 상담 시에 말을 몇 마디 해보면 어느 정도 가늠해 볼 수 있다. 유난히 꼼꼼하게 질문한다 싶으면, 머리형일 가능성이 크다. 머리형과의 방문 상담이 잡히면, 자료 중심으로 상담 준비를 철저히 하는 것이 좋다. 참고할 수 있는 통계치나 그래프 등의 시각적 자료들도 확보함으로써 그들의 의구심을 확신으로 바꾸도록 노력하자. 또한, 커리큘럼에 대한 철저한 분석과 이해를 바탕으로 학부모를 설득할 수 있어야 하니, 여러 번 설명해보면서 예상 질문도 뽑아내 보자. 머리형의 유형은 가장 상담 준비를 많이 해야 하는 타입이나, 머릿속에 갖고 있던 궁금증이 해결되는 순간 그 어떠한 유형보다도 빠른 결정력을 보여주는 특징이 있다. 그리고 자신의 결정에 확신이 더해질 때는 오랫동안 강한 신뢰와 지지를 보여주는 팬이 되어 주기도 한다. 초기 검증을 철저히 한 만큼, 결정 이후에는 믿고 맡겨주기 때문이다.

유형 2. 가슴형

이번 유형은 직관적인 느낌이나 감정에 많은 영향을 받는 타입이다. 이런 상담객에게는 학원의 첫인상, 학원장의 첫인상이 매우 중요하다. 그러므로 상담 시에 좋은 인상을 줄 수 있다면, 반 이상은 성공한 것이나 다름이 없다. 따라서 친절하고 상냥한 상담 자세와 학원장의 좋은 이미지, 그리고 학원의 인테리어와 학습 환경 등에서 좋은 느낌을 줄 수 있도록 노력하는 것이 좋다. 예를 들면 학원 문을 열자마자 디퓨저에서 좋은 향기가 후각을 자극한다거나 상담 시에 잔잔한 카페 음악이 흐른다면 이들의 감성에 노크하기 더욱 쉬울 것이다. 그리고 학습 상담 시에는 학부모들이 감동할 수 있는 사례 등을 생각해두었다가 풀어놓는 것도 도움이 된다.

가슴형의 학부모들은 말할 때 감정 표현이 풍부하다. 이는, 특히나 자녀의 학습 히스토리를 들어보면 많이 드러나는데, '예전에 이러이러해서 힘들었어요. 이러이러해서 아이가 속상해했어요' 등의 말로 감정을 드러낸다. 이러한 타입의 학부모들은 딱딱한 정보보다는,

가슴이 시키는 대로 의사 결정을 하는 경향을 보인다. 따라서 가슴형의 유형에게 꼼꼼한 정보들로 가득한 원론적인 이야기, 뻔한 홍보성 멘트를 하면, 한 귀로 듣고 한 귀로 흘려버릴 수 있다. 그보다는 역경과 어려움을 딛고 학습 성공을 이룬 사례 등을 들어 마음을 움직이게 하자. 예를 들어, 학습이 부진한 이유를 학부모 자신에게서 찾는 경우, 부모 역할의 어려움에 공감하면서 전문 교육 기관의 필요성 등으로 가책을 덜어드리자. 그러면 교육 전문가로서의 신임을 얻을 수 있을 것이다.

유형 3. 사회형

사회형은 상담자와의 관계를 매우 중요시하는 유형이다. 주로 성격이 외향적이고 낙천적인 분들께서 많이 보인다. 성격이 좋고 소리 내어 깔깔 잘 웃는 분들이 이에 해당하며, 학원장과 짧은 상담 시간 내에 친해진다는 특징이 있다. 사회형의 학부모와 상담을 할 때는 '대화가 즐겁다'라는 느낌이 들게 하면 좋다. 폭풍 공감을 하면서 이야기를 많이 들어주고 일상적인 대화들로 편안하게 상담을 열어야 한다. 대화 도중 그들과의 공통분모를 찾아내고, 유대감을 형성하는 것에 상담 초점을 맞추는 것이 도움이 된다. 이들과는 딱딱한 교육정보보다는, 사교육에 대한 경제적 부담, 육아와 학습에 대한 어려움 등을 주제로 내 마음을 알아주는 사람과의 대화 시간이 즐겁다고 느껴지게 하는 것이 중요하다. 따라서 내가 무언가를 설명하려하기보다는, 질문을 통하여 상대방이 마음을 터놓고 더 많이 말할 수 있게 하는 것이 도움이 된다. 이렇게 '친구'가 되어 드리면, 그다음은 아이의 학습을 주제로 넘어가 허심탄회하게 마음을 나누는 따뜻한 상담이 가능하다.

대화 중에 아이컨택은 필수이고, 즐거운 대화 분위기가 무르익었을 때쯤, 한 번씩 하이파이브나 팔 등을 살포시 접촉했다 떼는 등의 가벼운 스킨십을 하면서 친밀감을 표시해보자. 교육 상담을 하는 내내 즐거운 대화였다는 느낌이 남는다면 굳이 다른 학원을 알아보느라 시간을 허비하지 않을 것이다. 원장과 친구가 되었기 때문이다.

○●○○

첫 회원과 신규회원 관리, 집중하고 초기 한 달을 사수하라

드디어 꿈에 그리던 소중한 첫 회원이 들어왔다.

이때는 시간도 많고, 하루에 한 명만 수업해도 되기에 모든 것을 다 쏟아붓는다는 각오로 최선을 다해 관리하자. 아이가 시간 가는 줄 모를 정도로 흥미로운 수업을 위해 연구도 많이 해야 한다. 또 칭찬과 간식도 팍팍 주고, 무엇보다 아이가 나를 좋아할 수 있도록 하는 데에 많은 노력을 기울이자. 그러면 그 아이가 친한 친구에게 학원 자랑을 하기 시작한다. 1명이 2명이 되고, 2명이 4명이 되면서 이렇게 재원생의 수는 빠르게 늘어나기 시작한다.

0명부터 시작했던 나도 텅 빈 교습소를 지키면서 첫 회원은 도대체 언제 들어오는 걸까, 초조하게 기다렸던 나날들이 있다. 오픈 이후, 며칠 연속, 문의 전화 한 통 안 오자, 점점 자신감이 바닥을 치게 되었다. 과연 학생이 들어오긴 하는 걸까? 이러다 상가임대료도 못 내면 어떡하지? 등 별의별 생각을 다 하게 되었다. 다행히도, 오픈 전에 주변 상가 사장님들과 안면을 터두고, 좋은 인상을 남긴 덕분에, 소개로 한 명, 한 명 문의가 들어오기 시작했다. 스무 명 쯤 회원이 모이자 더는 상가임대료 걱정은 하지 않아도 되게 되었다.

사실, 교습소를 오픈할 때, 초기 석 달 정도는 적자 날 것을 각오하면서 세 달 치의 임대료를 미리 준비해 두었다. 예상외로 첫 달에 5명이 들어오자 불안함은 자신감으로 변했다. 별다른 홍보를 하지 않았음에도, 프랜차이즈 브랜드 덕분에 네이버 검색을 통한 문의가 꾸준히 이어졌다. 그중에 차량 운행이 필요했던 친구들과 교육 대상이 아니었던 유아들, 중고등학생들의 문의를 제외하고는 상담 족족 모집이 되었고, 매월 신규생들 오리엔테이션과 피드백으로 눈코 뜰 새 없는 1년을 보냈다.

그동안 강사로서 수업만 했지, 센터 운영은 처음이라 익숙하지 않은 일들을 처리해야 하다 보니 더 정신이 없었던 것 같다. 지금이야 매일 하는 일이니, 노련하게 일 처리를 하지만, 그때는 거의 매일같이 본사 CS센터에 전화해서 상담원의 도움을 구했다. 그나마 프랜차이즈 학원이었기에, 어려움이 생길 때마다 빠르고 친절하게 도움을 주는 헬프데스크가 있어 안심되었다.

신규회원이 들어오고, 입소문이 나기까지 학부모를 만족시킨 나의 필살기가 있다면, 그건 바로 등록한 첫날 드리는 피드백 때문이 아닐까 싶다.

첫날 학원을 보내놓고, 학부모들은 '얘가 잘하고 있을까?' '선생님 지시는 잘 따르고 있을까?' 또, '재미있게 수업 잘하고 있나?' 등등. 궁금해서 일이 손에 안 잡힐 것이다. 특히나 초등 저학년이라면 낯선 환경에서 엄마 안 찾고, 잘 적응해 나가고 있을지, 가능만 하다면 참관 수업도 하고 싶을 것이다. 간혹 옆에서 지켜보기를 요청하는 학부모들도 있다. 이때는 다른 학생들의 수업 집중력 저하를 설명하면서 정중하게 거절한다.

대신, 이러한 마음을 헤아려, 참관하는 것 못지않은 정성스러운 수업 피드백을 드린다. 학생이 수업하는 모습과 그날 학습한 교재를 페이지마다 사진을 찍어 수업이 끝난 직후 카톡으로 전송한다. 여기에 어학기를 들으면서 학생이 녹음하는 동영상까지 촬영해서 보여주면 만족도를 더욱 올릴 수 있다. 실시간으로 영상을 보여주면서 잘하고 있다는 것을 전해주면 학부모들은 매우 흡족해한다. 다른 학생들을 관리하면서 촬영을 해야 하므로 이 또한 바쁘고 힘든 일이기는 하다. 그렇다 하여도, 어렵게 얻은 학부모의 신뢰와 상담의 만족도를 떨어뜨리지 않기 위해서는 충분히 감수할 수 있는 일이다.

첫 수업의 마지막 피드백은 퇴근 전에 해피콜 전화를 드리는 일이다. 학생의 첫 수업 소감을 먼저 묻고, 낮에 카톡으로 전송한 학습물 사진에 대하여 자세하게 설명해 드린다. 또한, 아이의 학습 태도와 성향 등의 관찰한 모습을 설명하고, 교재 적응력 및 학습 난이도 적합성에 대한 설명을 드리면서 장단기 학습 계획 등을 안내해 드린다. 첫 수업 전화 피드백 요령은 내가 운영하는 유튜브 채널에 '실제 피드백 상담 장면'이라는 제목으로 공유해 두었으니 이 영상을 참고 바란다.

○●○○

1인학원 수업은 김밥천국 아닌 김밥 전문점처럼

요즘은 좋은 교재, 좋은 강사진, 좋은 커리큘럼, 좋은 교육환경 등으로 무장한 학원들이 너무 많다. 1인학원이 이들과 경쟁한다는 것은 계란으로 바위 치기일 것이다. 따라서 이들을 따라 하려 애쓰기보다는 큰 학원에서 할 수 없는 나만의 강점을 찾는 것이 좋다. 그것은 의외로 1인학원의 단점인, '작은 규모'에서 찾을 수 있다. 단점을 장점으로 만들어야 승산이 있다는 말이다. 이게 무슨 말일까. 단점이 장점이 된다니.

큰 학원에서는 1대 다 수업을 하게 된다. 1대 다 수업은 큰 학원에서 취하는 일반적인 그룹 수업 방식이다. 학원 강사 시절의 내 경험을 돌이켜 생각해보면 1대 다 수업의 단점은, 초점 없는 수업이라는 느낌이었다. 한 클래스에 5명~10명까지의 아이들을 가르쳤는데, 레벨테스트를 통해 비슷한 실력의 아이들을 모아 놓은 반이라 할지라도, 그 안에서도 학습 격차가 있었다. 잘하는 아이들에 맞추어 수업을 진행하다 보면, 느린 아이들이 못 따라와서 낙오하게 되고, 그렇다고 못 하는 아이들에 맞추어 수업하다 보면, 잘하는 아이들이 시간을 낭비하게 되었다. 그래서 결국 수업 난이도와 속도는 평균치에 맞추게 되는데, 그러다 보니 표준 편차에서 벗어나는 소수의 학생들을 100% 만족시키지 못하는 딜레마가 있었다. 다수를 위해 소수를 희생시키는 것이 바로 그것이었다.

나는 바로 여기에 1인학원의 최대 강점이 있다고 생각한다. 바로, 1대 1 개별 지도 학습이 가능하다는 점이다. 빠른 아이는 빠른 아이대로, 느린 아이는 느린 아이대로 아이들의 학습 속도에 맞추어 학습 진도를 계획하기 때문에 누구나 효율적으로 공부할 수 있는 이상적인 시스템이다. 물론, 1인 학원이어도 그룹 티칭을 지향하는 곳도 많다. 그룹 티칭의 장점 또한 있기에 어떠한 방식이 좋다 나쁘다를 이야기하려는 것은 아니다. 다만, 내가 선택한 것은 개별 코칭 방식이었으니 이번 장에서는 그것에 관해 먼저 이야기하도록 하겠다. 1인학원은 똑같은 김밥을 파는 김밥천국이 아니라, 원하는 재료들을 선택하여 각자의 취향대로 김밥을 먹을 수 있는 김밥 전문점과도 같다. 아이들 개개인의 눈높이에 맞추어 맞춤 학습이 가능하고, 숙제량도 같이 조절할 수 있는 유연함이 있다. 그렇기에 모두가 자기만의 학습 속도로 꾸준하게 학습을 이어갈 수 있다는 큰 장점을 가진다. 역량이 큰 친구들에게는 별도의 교재를 더 추가하여 배가 학습을 시킬 수도 있고, 어려움이 있는 친구들은 반복 학습을 시키면서 완전학습을 시키고 넘어갈 수 있는 것이다. 이렇게 모두가 자기만의 학습 속도로 공부를 하다 보니, 실력 차이가 나기는 해도, 낙오하는 학생은 단 한 명도 나오지 않는다.

대형 학원의 경우 원장이 학생들에 대해 잘 알지 못한다. 담임제로 운영하는 학원의 경우, 담임이 아이들의 교육과 학습 상담을 맡지만, 담임들도 티칭 위주로 수업을 하기 때문에, 아이 한 명 한 명의 학습 상황은 정확히 알기가 어렵다. 반면, 한 명 한 명, 매일 학습 코칭을 하는 1인학원의 경우, 1대 1로 수업이 이루어지기 때문에 원장이 모든 아이들의 학습 상황을 모두 파악할 수 있다. 학습 진도나 계획수립은 기본이요, 평상시에 어려운 점이나 그날그날의 컨디션 등도 다 눈앞에서 파악할 수가 있다. 그러니 보다 정확한 학습 상담이 가능하고 큰 학원보다 더 자주, 더 자세한 상담을 할 수 있다는 장점도 있다.

신규 상담 시에 이점을 강조하여 설명하면, 대형 학원과의 선택 사이에서 고민하는 학부모들의 마음을 사로잡을 수 있을 것이다. 1대 1 밀착지도와 개별 진도. 과외식 수업을 원하는 학부모들의 니즈를 충족할 수 있는 점은 1인학원의 강력한 무기이다. 규모가 작아서 배움의 폭이 적은 학원 vs 작지만 알차게 배울 수 있는 1인학원.

둘 중 어떤 쪽으로 내 학원을 인식시키고 싶은가.

1인 학원 사업의 성패는 여기에 달려있다고 해도 과언이 아닐 것이다. 자부심을 가지자. 그리고 당당하게 도전하자. 1인 학원도 얼마든지 교육 맛집이 될 수 있다.

Part 04.
Total Management

1인학원 운영관리,
이것만은 꼭!

★ ★ ★ ★ ★ ★ ★ ★ ★ ★ ★ ★

○●○○

학부모 관리의 첫걸음, 신뢰 구축

목표한 만큼 학생을 모집했다고 해도 안심하기는 이르다. 한번 들어온 아이들이 오래오래 함께할 것 같지만, 이는 오산이다. 새로운 회원이 들어오면, 기존 회원의 퇴원도 함께 생길 것이기에, 제로섬 게임 같은 느낌이 들 때도 있을 것이다. 그렇기 때문에 목표 인원이 되면, 유지만 해도 선방이라는 선배 원장님들의 지혜가 와 닿을 것이다.

사람들은 늘 새로운 것에 호기심을 느끼기 마련이다. 이 때문에 기존 회원 관리에 작은 허점이라도 발견이 되면, 학부모들은 새로 생긴 학원들로 눈을 돌리고 만다. 선물 공세를 퍼붓는 경쟁 학원의 공격적인 마케팅을 어떻게 감당해낼 것인가. 따라서, 주변에 경쟁 학원들이 새겨 틈새를 파고들어도, 내 학원이 타격이 받지 않으려면 딱 하나밖에는 없다. 바로, 학부모들과 평상시에 두터운 신뢰를 쌓고 팬덤을 쌓아두는 것이 바로 그것이다. 어떠한 유혹에도 흔들리지 않도록 하는 방패는 결국 팬심이기 때문이다. 과연, 어떻게 해야 학부모를 내 학원의 팬으로 만들 수 있을까?

신규회원의 등록은 첫 번째 관문을 넘었을 뿐, 오히려 그 이후가 더 중요하다. 따라서 나는 신규회원이 등록하면, 절반만 기뻐한다. 학부모께 받는 신뢰 치의 전체의 절반밖에 얻지 못한 것으로 생각하기 때문이다. 아이를 맡겨주시기로 하신 것은, 첫 상담에서 학부모의 신뢰를 얻었다는 방증이다. 하지만 이것이 학부모께 얻을 수 있는 신뢰도 100%를 의미하는 것은 아니다. 그러므로 아이를 가르치면서 나머지 신뢰 50%마저 다 얻어야 하며, 동시에 첫 상담에서 힘들게 얻은 기본 점수, 50을 까먹지 않도록 노력해야 한다.

신뢰도 100에 도달하기 위해서는 다음 두 가지 영역을 어떻게 관리하느냐에 달려있다. 가장 중요한 부분은 뭐니 뭐니해도 학습 관리력이요, 그다음은 학부모 관리력이다. 학부모의 신뢰를 얻는 가장 좋은 방법은, 뭐니 뭐니해도 학생의 성장과 발전을 이끌어내는 것이다. 이것이 바로, 학부모가 비싼 교육비를 내고 학원에 맡기는 궁극적인 목표이기 때문이다. 하지만 아이들의 실력을 단, 기간에 괄목할 만큼 높인다는 것은, 말처럼 쉬운 일이 아니다. 교사 혼자만 잘한다고 되는 일이 아니기 때문이다. 아이의 집중력과 의지가 뒷받침되어야 하고, 여기에 학부모의 학구열과 지원 등의 삼박자가 골고루 맞을 때, 비로소 아이들은 발전해나가기 시작한다.

더 자세히 말하자면, 학습이 이렇다 할 성과를 보이기 위해서는 다양한 요소들이 종합적으로 관리 되어야 한다. 이 중, 가장 강조하고 싶은 것은 '출결'이다. 공부는 우리가 밥을 먹듯이 일정하게 그리고 꾸준히 이루어져야 결과를 낸다. 이런저런 이유로 결석을 하면, 학습 습관 정착에 실패하게 되고, 그러면 점점 더 가기 싫다고 느낄 것이다. 당연한 결과이겠지만, 수업 결손이 많아지면 자연히 공부는 어려워지고, 결국 공부의 재미를 느끼지 못한 채 결국 학원을 그만두게 된다.

90% 이상의 출석률을 유지하면서 학생의 실력이 점진적으로 향상되면, 그다음으로 해야 할 일은 학부모 관리이다. 회원의 실력이 아무리 늘었다고 해도, 이를 학부모가 인식하지 못하면 소용이 없다. 따라서 변화 발전 추이를 파악할 수 있는 학습 히스토리를 관리하고, 이러한 피드백을 학부모에게 전해야 한다. 예를 들면, 나의 경우 첫 상담 때의 레벨 테스트지를 따로 보관한다. 그리고 공부를 해나가면서 모아진 평가 시험지들을 교재를 돌려보낼 때, 함께 보낸다. 눈에 띄는 성장이 보일 때, 형광펜으로 표시하고, 감상 포인트를 코멘트로 적어 보낸다.

이 외의 효과적인 학습 피드백 전달법에 대해서는 다음 장에서 자세히 다루도록 하겠다.

○●○●

컴플레인을 예방하는 4가지 기본 수칙

앞에서 언급했듯, 학부모의 신뢰를 얻는 가장 큰 부분은 단연 학습 성과이다. 하지만 이외에도 기본적으로 지켜야 할 운영 수칙들이 많다. 그중 중요한 4가지를 살펴보자.

이 내용들은 학원 운영의 기본적인 원칙이라고 볼 수 있다. 하지만, 학원을 처음 운영하는 분들은 이것이 기본인지조차 모를 수 있다는 생각에 짚고 넘어가려 한다.

학원은 교육서비스를 판매하는 엄연한 사업장이다. 따라서 학부모이기 이전에 소비자라는 사실을 망각해서는 안 된다. 교육이라는 서비스에는 어느 학원을 막론하고 공통적으로 적용되는 내용이 있는데 그 첫 번째는 바로 학원 운영시간이다. 학원을 몇 시부터 몇 시까지 운영할지를 교육청에 신고하는데, 1인학원을 운영하다 보면 내 사업장이라는 생각 때문에 간혹 해이해질 수가 있다. 특히 학원을 오픈하는 시간은 어떠한 경우라도 엄수할 것을 강조한다.

비가 와서 차가 막힐 가능성, 주차장에서 이중 주차로 인해 차를 빼지 못할 가능성, 좁은 길에서 교통사고로 인한 정체 등이 생길 가능성은 늘 존재하는 것이다. 학원은 함께 일하는 직원들이 있기 때문에, 원장이 제시간에 도착하지 못할 시 대신 문을 열어줄 사람들이 있다. 하지만 1인학원의 경우, 원장이 늦으면 아이들이 별수 없이 학원 문 앞에서 기다리게 된다. 불가피한 상황이 생겼을 경우에는, 반드시 즉각 상황을 알려야 한다. 충분한 사과와 늦은 시간 만큼의 보충수업 계획까지도 알려야 불만이 없으니 이 점도 놓치지 말자.

두 번째로 챙길 것은 철저한 출결 관리이다. 학생이 등원, 하원한 시간을 정확히 학부모께 알려야 한다. 초등학생들의 경우 제대로 학원에 잘 도착했는지 학부모가 궁금해하고, 중고등학생들은 간혹 집에 거짓말을 하고 무단결석을 하기 때문이다. 출결 시간의 정확한 안내는 이런 학부모들의 염려를 덜고 아이의 소재파악을 할 수 있어 안심하고 학원을 보내는 데 큰 역할을 한다. 그룹 수업의 경우, 정해진 수업시간만큼 정확히 끝낼 수 있지만, 개별맞춤식 수업을 하는 1인학원은, 등원하는 시간이 제각각이기 때문에 끝나는 시간을 정확히 지키기가 쉽지 않다. 출결 관리로 정확한 등원시간을 기록에 남기게 되면, 수업 시간 관리도 용이해진다. 개별 맞춤식 수업은 아이들마다 등원시간이 다르므로, 한 친구가 언제 왔는지, 또 약속된 시간만큼 충분히 공부하고 갔는지 체크가 안되어 평소보다 일찍 하원시키는 경우도 생길 수 있다. 가령, 50분 수업인데 40

분 혹은 45분 수업만 하고 돌려보낸다면, 학부모로서는 화가 날 수밖에 없다. 왜냐하면, 약속한 수업시간에 해당하는 비용을 내고 교육서비스를 구매한 것이라 여기기 때문이다. 떡볶이 1인분을 샀는데, 양을 평소보다 적게 주는 것과 같은 느낌에 비유할 수 있다. 즉, 교육 시간을 지키지 않는다면, 소비자로서 응당 받아야 할 권리를 다 못 받은 것 같은 생각이 드는 것이다. 따라서 이렇게 교육 시간 미달로 인한 컴플레인을 받지 않으려면 등원 안내 문자를 꼭 전송하고, 하원 전에 1분이라도 일찍 보내는 것은 아닌지 반드시 확인하고 보내는 것이 좋다.

세 번째로 빈번한 컴플레인은 바로 결석과 사후 관리 부분이다. 결석으로 인한 수업 결손은 반드시 보강을 통해 채워주어야 한다. 보강이 여의치 않으면, 수업료를 월 수업일수로 계산해서 결석일만큼 면제해 주는 것이 좋다. 어찌 되었든 학부모가 결석으로 인해 손해를 보는 느낌이 들지 않도록 하는 것이 결석 관리의 포인트이다. 이때, 월 결석과 보강 가능 횟수를 사전에 정해두는 것이 좋다. 그렇지 않으면 결석 시 페널티가 없다는 생각에 더 많은 결석으로 이어질 수도 있기 때문이다. 이는 수업 결손은 물론이요, 학원의 매출에도 영향도 줄 수 있으므로 신규 상담 때부터 결석과 보강 수칙을 명확히 숙지시키는 것이 좋다.

마지막으로는 철저한 교재 관리이다. 아이들이 수업시간에 성실하게 수업을 했는지 가장 먼저 확인할 수 있는 것이 바로 교재이다. 부모들의 교육 관여도는 가정마다 차이가 있지만, 대개는 학원에서 내 아이가 잘하는 건지, 또 요즘 무엇을 배우고 있는지 궁금하면 교재부터 열어본다. 어떤 학부모는 매일 수업한 것을 확인하는 분도 있다. 이때 완성되지 않은 부분, 즉 비어 있는 부분이 있다거나, 혹은 오 채점이 있는 경우, 또 별다른 공부의 흔적이 없이 답만 덩그러니 적힌 것 등을 확인한다면, 학원 수업에 의구심을 가지게 될 것이다. 따라서 그날그날 성실하게 관리하는 것은 기본이요, 혹시나 있을 수 있는 관리 실수가 없도록 한 번 더 점검하는 단계가 필요하다.

다 끝낸 교재라 하더라도, 가정으로 돌려보내기 전에, 한 번 더 꼼꼼하게 살펴봐야 한다. 빠르게 채점하다 보면, 혹은 같은 것을 반복적으로 채점하다 보면 사람이기 때문에 실수할 수 있다. 하지만 학부모들은 내 아이에게 하는 관리 실수는 용납하지 않는다. 잘못 채점한 것을 발견하는 순간, 내 아이가 제대로 관리받고 있는 것이 맞는지를 의심하게 된다. 이런 관리 허점을 한 번 발견했을 때는 그나마 컴플레인 한 번으로 넘어가지만, 두 번 세 번 반복된다면 학부모의 마음은 이미 다른 학원을 향해 있을 것이다.

이상, 기본이라고 할 수 있는 학원 운영의 주요 수칙들을 알아보았다. '반드시 해야 하는 것'과, 이와는 반대로 '절대로 하면 안 될 것'들을 구분하여 불필요한 컴플레인을 받지 않도록 유의하는 것이 좋겠다.

탈회 방지를 위한 유형별 학부모 관리

다음으로는 기존 학부모들을 관리하기 위한 학부모 유형 분석을 해보자.

등록을 하면 학부모들은 보통 3개월 정도는 안정적으로 잘 보내주신다. 하지만 그 이후부터는 '우리 아이 잘하고 있는 건가?' 하는 불안감이 고개를 들기 시작한다. 이 고비를 넘기는 것은 학부모 상담밖에는 없다. 학부모 유형에 따라 잦은 상담이 필요한 경우도, 그렇지 않은 경우도 있다. 하지만 그 어떤 경우에도 학습 상담은 반드시 이루어져야 한다. 학부모 유형은 크게 6가지로 나눌 수 있는데, 이에 따라 학부모의 관리법도 당연히 달라져야 한다.

유형 1. 바쁘니까, 선생님이 다 알아서 해주세요. '학원 과신형'

이 유형은 자녀 학습에 대해 관여도가 낮은 유형이다. 주로, 일을 하는 맞벌이 가정에서 많이 보이며 그러다 보니, 자녀 학습에 관여할 여력이 없는 편이다. 학원에 보냈으니 선생님이 다 알아서 해주기를 기대하는 편이다. 이러한 유형은 불필요한 간섭이 없고, 피드백을 자주 드리지 않아도 되기에 관리자 입장에서는 다소 편하다. 하지만 자발적으로 학습을 챙기지 못하는 초등학생들의 경우, 관리에 어려움이 있다. 숙제가 무엇인지도 모르거나, 책을 가져갔다가 챙겨오지 않는다거나, 하는 친구들이 더러 있기 때문이다. 집에서 숙제를 했는지, 책을 잘 챙겼는지만 챙겨주셔도, 학습관리가 훨씬 더 원활할 것으로 보여져 아쉬울 때가 있다.

그렇다고 해서, 이런 학부모들께 일하면서 퇴근 후, 아이 교육까지 신경 쓰게 하면 여간 피곤한 것이 아닐 것이다. 따라서 이러한 분들께는 피드백을 최소화해야 한다. 자주 전화하는 것도 좋지 않고, 전화를 해도 너무 길게 통화하지 않도록 배려하는 것이 좋다. 일하는 학부모와는 학습 상담 시간을 잡는 것 또한 여의치 않으므로, 될 수 있으면 카톡 동영상이나 음성메시지를 남기는 것으로 학습 상황을 전한다. 이 방법은 업무시간에 학원 전화를 받느라 눈치 안 보아도 되고, 시간이 날 때, 들어 볼 수 있으므로 상담에 대한 부담이 덜하다.

유형. 2. 내 눈으로 확인하기 전에는 누구도 못 믿어요, '학원 반신형'

아이의 학습에 많은 관심와 시간을 쏟는 1번 유형과 대조적인 성향을 보인다. 6가지 학부모 유형 중, 가장 많은 주의가 필요하다. 이런 유형은 집으로 돌려보낼 때, 공부한 책과 시험지 등을 확인하여 채점 오류 등은 없는지 두 번 세 번 확인하는 것이 좋다. 맞은 문제에 대해서도 아이가 잘 알고 풀었는지를 물어보면서 점검도 하고, n을 h나 r처럼 쓰지는 않았는지 등의 글씨체 교정까지 요구하는 때도 있기 때문이다. 주로 완벽주의 성향이 있는, 꼼꼼한 학부모인 경우가 많다.

1인 학원은 원장 혼자 십수 명의 아이들을 관리하게 된다. 따라서 채점 부담감이 상당하다. 오죽하면 중대형 이상의 학원에서 채점만을 위한 보조 강사를 채용하겠는가. 이럴 때, 빠르게 채점하다가 오 채점을 하는 일도 가끔 생긴다. 하지만 2번 유형의 학부모들에게는 이는 핑계에 불과할 뿐이다. 내 아이를 꼼꼼하게 관리하지 않는 곳이라는 불신이 고개를 들 것이기 때문이다. 누가 시켜서가 아니라, 모든 학생들을 꼼꼼하게 관리하는 것은 기본이겠지만, 그렇다고 해도 유의해서 볼 친구들의 책들은 따로 모아 두었다가 집에 보내기 전에 이중 체크 하는 것이 좋다. 완벽하게 일하라. 실수도 실력이다.

유형 3. 늦게 시작하고 조급해하는, '빨리빨리 유형'

세 번째는 학구열이 높지 않아 초등 4학년 때까지 공부 안 시키다가 고학년 되어서야 현실에 마주하면서 조급함을 느끼는 유형이다. '빨리빨리 유형'은 기다릴 수 있는 마음의 여유가 부족하여 조기 퇴원하는 경우가 많다. 빠른 결과가 안 나오면 다른 데로 쉽게 옮겨가기 때문이다. 이 유형의 학부모들에게는 잦은 피드백이 필수이다. 대개 피드백은 3개월에 한 번 정도면 무난하지만, 이 유형의 경우, 한 달이 1년처럼 길게 느껴질 것이므로, 피드백을 월에 한 번 정도는 드리는 것이 좋다. 남들 공부할 때, 몇 년을 놀았기 때문에, 남들이 다 같이 열심히 공부하는 고학년이 되면, 그들보다 몇 배로 더 열심히 하지 않으면 뒤처진 공부를 따라잡기가 힘들다. 그럼에도 불구하고, 빠른 성과가 나오지 않으면, 퇴원할 가능성이 큰 유형이기도 하다. 아쉽게도 늦게 공부를 시작하는 경우, 학습 습관부터 길러야 하기 때문에 여간 힘든 것이 아니다. 책상 앞에 앉아있는 것조차 어려운 친구들에게 숙제를 두 배로 많이 낼 수도 없고, 학습량을 늘리려고 할 때 부모나 교사의 기대치만큼 아이들이 따라와 주지 못하는 경우가 대부분이다.

마치, 몇 년을 굶다가 한 번에 폭식하는 것에 비유할 수 있다. 급하게 먹는 밥이 체하는 법. 특히, 어학 과목의 경우, 그렇게 금방 늘지 않으므로 학부모께 월 1회 정도, 피드백을 드릴 때 이를 강조하는 것이 좋다. 그래야 조급한 마음을 달랠 수 있고 그나마 이탈도 방어할 수 있다. 그럼에도 불구하고 이 유형은 종국에는 조기 퇴원을 하고야 만다. 다만, 어떻게 하면 한 달이라도 더 학습 지속 기간을 연장시키는지가 관건일 것이다.

유형 4. 늦게 시작하고도 여유만만인, '괜찮아요 유형'
네 번째 유형은, '빨리빨리 유형'과 같이 교육열이 높지 않은 것은 동일하나, 고학년임에도 불구하고 지금까지 해오던 대로 일관적인 교육관을 고수하는 경우이다. 따라서 결석이 잦고 이에 대한 심각성 또한 느끼지 않아 이렇다 할 학습 성과를 내는 것이 오래 걸리는 유형이다. 흡사 자유로운 영혼에 비유할 수 있겠다. 이러한 유형은 삶에는 공부보다 중요한 것이 훨씬 더 많다고 여길 때 주로 나타난다. 학습 의욕과 동기가 적다 보니 아이도 자연스레 노는 것에 더 익숙하다. 학부모도 아이가 놀면서 스트레스 없이 자라는 것에 가치를 두기에 결석률이 높다. 캠핑 간다고 쉬고, 친구 생일 파티라고 쉬고, 아빠가 쉬는 날이라서 쉬고, 놀이동산 간다고 쉬고, 비가 많이 와서 쉬고, 발가락이 아프다고 쉬고…, 쉬는 이유도 다양하다. 학습 성과를 이끌어내야 하는 원장의 입장에서는 여간 고민이 아니다.

결석만 안 하고 꾸준히 나와주면, 누구나 어느 정도 아웃풋은 나온다. 아이들의 집중력에 따라 속도 차가 있기는 해도 결과가 안 나오는 경우는 드물다. 그런데 잦은 결석은 답이 없다. 안 온다는 친구를 억제로 오게 할 수도 없고, 이미 잡힌 선약을 깨게 할 수도 없기 때문에 속수무책으로 학습 결손을 경험할 수밖에 없다. 또한, 이러한 유형은 보강도 여의치 않다. 규칙적인 학습 습관이 제대로 쌓이지 않는 상태이기 때문에 평소보다 많은 시간을 공부할 수 있는 집중력과 인내력이 길러지지 않은 이유이다.

따라서 이러한 유형에게는 학습 피드백보다는, 출석의 중요성을 주제로 상담하는 것이 좋고, 이를 위해서는 학부모의 도움이 절실하며, 결석을 줄일 수 있도록 협조를 구하는 것이 좋다. 그럼에도 불구하고 변화가 없다면, 마지막 보루로써 '월 몇 회 이상 결석 시 자동 퇴원'이라는 강수를 두는 것도 도움이 된다. 원장의 리드를 따르지 않는 학부모는 성과를 내기 어렵고, 이런 친구들이 오래 다니게 되면, '이 학원에 1년을 다녀도 실력이 안 늘더라…'하는 오명을 뒤집어 쓸 수도 있다. 잦은 결석은 가장 먼저 뿌리 뽑아야 할 나쁜 학습 습관이라는 것을 명심하자.

유형 5. 원장을 믿고 따르며, 적당히 아이 교육에도 관여하는, '베스트 학부모 유형'

원장을 전적으로 믿고 따르지만, 아이 학습도 적절히 관여해주시는 가장 이상적인 학부모 유형이다. 학원에 대한 신뢰를 바탕으로 아이 교육에도 적당한 수준의 지원이 이뤄지기 때문에 시간이 흐르면서 자연스럽게 학습 성장을 끌어낼 수 있다. 이러한 유형은 짧게 자주 피드백을 남기는 것이 좋다. 전화나 방문 상담은 아니더라도, 아이의 학습 상황을 정확히 알 수 있도록, 문자나 카톡을 통해 브리핑하는 것으로 대신해도 좋다. 예를 들어, 숙제가 잘 이뤄지지 않는다면, 간단하게 숙제 내용과 관심을 독려하는 짧은 안내문을 보낸다든가, 최근 공부하고 있는 교재나 테스트 결과 등을 사진으로 전송하여 참고하도록 하는 방법 등이다. 굳이 학습 리포트나 포트폴리오 등을 정성스레 준비해서 보내지 않아도 평상 시의 피드백 만으로도 충분한 유형이다.

유형 6. 학원이 마음에 들기는 하지만, 이걸로는 부족해요 '과유불급형'

기본적으로 학원을 신뢰하는 면에서는 유형 5와 같지만, 집에서 학습을 봐주려는 의욕이 강해서, 때로는 지나치게 학습에 관여하는 느낌이 드는 유형이다. 학원장의 교육 플랜보다 더 많은 것을 요구하거나, 학습량과 숙제량을 늘려 학생을 지치게 하며, 학원을 기본적으로 믿지만, 원장의 리드를 따르지는 않는 듯한 느낌이 드는 유형이다. 다시 말해, 전반적으로 학원은 마음에 들어서 보내지만, 원장의 교육관을 100% 믿지는 않는다. 따라서 가정에서 지나치게 학습에 관여하거나 하여 역효과를 내는 경우들이 있다.

이럴 때는 보다 카리스마 있게 원장의 전문성을 어필하는 것이 필요하다. 숙제량과 학습량 조절은 엄연히 교사의 재량이다. 학생의 소화력에 따라 어떠한 것을 숙제를 낼지, 또 얼마나 낼지 결정하는 것은 교사의 고유 권한이라는 뜻이다. 아이에 대한 분석을 바탕으로 교사가 결정한 숙제량에 대해 왈가왈부하는 것은, 학생의 성장에 도움이 되지 않는다. 사공이 많아 배가 산으로 가게 하는 결과를 낳기 때문이다. 선생님은 숙제를 10쪽까지만 풀라고 했는데, 엄마가 15쪽까지 하라고 하는 경우, 아이들은 누구 말을 들어야 할지 혼란을 겪게 된다. 또, 숙제 검사를 할 때도 교사 또한 혼란스럽다. 아이를 위한 학습 플랜을 갈아엎어야 하고, 상의 없이 자체적으로 숙제를 더 내는 부모님에 대한 당혹감을 감추기 어렵다. 월권이라는 생각, 교육 전문가로서 존중받지 않고 있다는 느낌이 들기 때문이다.

하물며, 자녀 교육에도 아빠와 엄마가 일관성 있게 한목소리를

1인학원 운영관리, 이것만은 꼭!

내야 교육이 된다. 아빠는 일찍 자라고 하고, 엄마는 공부를 더 하고 자라고 한다면, 아이는 어느 장단에 맞추어 춤을 추어야 할까. 이러지도 저러지도 못하고 혼란이 가중될 것이다. 이 경우, 가장 좋은 것은 아빠와 엄마가 서로 대화를 통하여, 교육관의 격차를 줄이거나, 혹은 한 사람의 의견에 맞추어 일관적이고 통일성 있게 교육하는 것이 좋을 것이다.

학습도 마찬가지이다. 따라서 '과유불급형'의 유형에는, 학부모의 지나친 개입은 오히려 교육 효과를 떨어뜨릴 수 있음을 솔직 담대하게 전할 필요가 있다. 단, 이때에는 전화 통화가 효과적이다. 카톡이나 문자와 같은 텍스트 중심의 소통은 자칫 오해를 불러일으킬 수 있기 때문이다. 이 경우, 상호 간의 커뮤니케이션이 무척 중요하므로 깊이 있는 대화를 통하여 서로가 가지는 교육관의 격차를 줄이는 편이 좋다.

소통의 부재는 퇴원생을 낳는다

학원 창업 이후, 학생들을 충원해나가면서 안정적으로 학원을 꾸리게 되면, 또 다른 고민이 생긴다. 퇴원생이 생기기 시작할 것이기 때문이다.

떨리는 마음으로 신입생 교육 상담을 하고, 등록으로 이어지면 세상을 다 얻은 것처럼 기쁜 마음이다. 하지만 그때는 모른다. 신규생 등록은 끝이 아닌, 새로운 시작이라는 것을. 새로운 아이들과 학부모들을 정착시키는 더 큰 과제가 기다리고 있다는 것을.

한 달 한 달 교육을 연장해가는 사교육의 성격상, 원생들의 유지 관리는 신규생 모집 못지않게 중요하다. 매달 결제일이 다가오면, 학부모들은 연장할지 말지를 고민하기 때문이다. 따라서 학원 운영자는 탈회를 방지하기 위한 노력들을 함께 해나가야 한다. 신규생 모집과 재원생 유지라는 두 요소 간 균형을 이룰 때, 비로소 학원이 성장한다. 하지만, 어느 쪽이 더 중요한지 묻는다면, 나는 후자를 선택하겠다. 재원생을 유지한다는 것은 그만큼 학원의 교육 퀄리티가 있다는 것의 방증이고, 이렇게 내부 고객을 먼저 만족시키면, 입소문으로 인해 외부 고객은 저절로 따라올 것이기 때문이다. 재원생이 유지되면서 신규생이 증원되는 이상적인 상황이 펼쳐지는 것이다. 이와는 반대로, 신규생 모집에만 집중하고, 내부 고객 관리를 소홀히 하게 된다면, 있던 재원생들이 점점 떨어져 나가게 된다. 그러면 신규생들이 늘어도, 전체 학생 수는 늘지 않는다. 그러다 보니, 학원을 키우기 위해서 또 신규생 모집에 혈안이 될 것이고, 결국 또 동일한 상황이 펼쳐질 것이다. 신규생 받아서 적응시키고, 또 나가고, 또 받고 또 나가고. 힘은 더 들고, 회원은 안 늘고. 영업에 너무 많은 시간과 에너지를 들이게 되는 악순환의 반복이다. 이것이 바로, 내가 신입생 모집보다 재원생 유지 관리가 훨씬 더 중요하다고 생각하는 이유이다.

그렇다면, 재원생 유지 관리의 핵심은 무엇일까.

탈회를 방지하기 위한 첫걸음은 바로, 학부모와의 정기적인 소통이 아닐까 싶다. 학부모들은 내 아이가 무엇을 공부하고 있고, 문제 중 몇 문제를 틀리고 있고, 얼마나 잘 따라가고 있는지, 또 어떠한 방법으로 부족한 부분을 메꾸어 나가고 있는지, 기간별로 얼마나 성장했는지 늘 궁금해한다(학부모들의 알 권리를 위하여 알려주는 것이 맞기도 하다).

신입생 모집이 돼도 기존 학원생 수를 유지해야 증원이 이뤄진다는 것을 생각하면, 기존 학부모 관리는 결코 소홀히 할 수 없는 일이다. 학부모 유형별 효과적인 피드백에 관한 내용은 앞 장에서 다룬 바 있다. 다음 장에서는 학습 피드백의 종류와 방법에 대해 보다 자세히 알아보도록 하겠다.

기존 회원 유지를 위한 학습 피드백 관리

학원의 성장을 위해서는 기존 회원의 유지가 중요하다는 것은 앞에서 이미 강조했다. 그렇다면 기존 회원 관리는 어떻게 해야 할까.

가장 중요한 것은 뭐니 뭐니해도 학습관리이며, 회원의 학습 성장을 효과적으로 전달하는 것에 있다. 따라서 회원들이 처음 학원에 왔을 때의 기록을 남겨두고, 이후의 학습 변화에 대해 이력 관리를 하는 것이 중요하다. 일명, 학습 포트폴리오라고 하는 것이 그것이다. 이것은 친구들의 학습 과정과 그로 인한 성과를 알 수 있는 학습물들을 말하며, 학부모에게 피드백할 수 있는 자료들을 말한다. 포트폴리오만 보더라도 별도의 상담 없이 한눈에 자녀들의 변화 발전상황을 가늠할 수 있게 되는 것이다.

이를 위해서는 평상시 공부한 시험지, 교재 및 숙제 노트, 연습장 등도 빠짐없이 챙겨 두는 것이 좋다. 설령, 원하는 만큼의 아웃풋이 나오지 않을지라도, 자녀의 노력과 성실하게 공부한 과정 등을 확인한다면 학원 탓을 하며 퇴원을 결정하지는 않을 것이기 때문이다. 여기에 틀린 문제들에 대하여 오답 풀이 과정과 점점 오답이 줄어드는 것을 보여드린다면 더욱 좋다.

학습 포트폴리오는 A4 클리어 파일에 보기 좋게 정리해서 학생 편에 가정에 전달하면 가장 좋다. 하지만 이 방법은 학생별로 파일을 구매해야 해서 비용이 많이 든다는 단점이 있다. 또, 그것을 재활용하기 위해 학원으로 되돌려 달라는 것도 그다지 좋은 방법이 아니다. 그 이유는 회수율도 낮고, 회수가 된다고 해도, 한 장 한 장 파일 안에 들어있는 학습물들을 다시 꺼내어 버려야 하는 번거로움이 뒤따르기 때문이다. 비용을 아끼자고, 학부모를 귀찮게 만드는 것도 바람직하지 않다.

포트폴리오를 준비하는 학원장의 입장에서도 부담스럽긴 마찬가지이다. 처음에는 월 1회 교재들을 챙겨 보냈는데 학생이 늘어나면서 학습 포트폴리오를 준비하는 작업이 버거워지게 되었다. 투명한 비닐로 되어있는 클리어 파일에 한 장 한 장, 시트들을 넣는 것 자체가 손품이 많이 들기 때문이다. 제품으로 따지면 포장을 해서 상품성과 가치를 높여 주는 노하우인 셈이다. 퀄리티 있는 포트폴리오를 위해 중대형 이상의 학원에서 이러한 피드백을 하는 것을 본 적이 있다. 하지만, 1인 학원은 그들이 하는 방식을 따라 했다가는 피드백 자료 준비에 1년 내내 치여 살 수도 있을 것이다. 그들은 강사도 여러 명, 직원도 여러 명, 업무를 분담하기 때문에 유지 가능한 방법이라고 생각한다.

그렇다고 1인 학원에서 보조 강사를 채용하게 되면, 고정 인건비로 인해 1인 학원 사업의 메리트를 잃게 된다. 저비용, 고수익이라는 이상적인 수익 구조가 빛을 잃게 된다는 것이다. 따라서, 학원 단위의 사업가들이 하는 방식을 따라 하기보다는, 매사에 효율성과 지속성을 가지고 할 수 있는 방법들을 고안하고 적용하는 것이 중요하다. 화려하고 멋지지는 않더라도, 소박하지만 원장인 내가 지치지 않고 꾸준히 할 수 있는 방법들을 적용해 나가야 한다. 1인 학원은 인력과 에너지가 원가이다. 학원장이 너무 많은 시간과 에너지를 들여 운영하면 원가가 비싼 다른 비즈니스들과 차이가 없어진다.

따라서, 1인 학원의 특장점을 잃지 않도록 하면서도 회원들을 만족시킬 수 있는 균형점을 찾아 나가도록 애쓰는 것이 생명이다. 그래야 오래, 또, 행복하게 운영할 수 있다.

피드백 업무와 관련해서도 마찬가지이다. 1인 학원의 원장이 지치지 않고 꾸준히 할 수 있는 피드백 방식은 무엇일까. 완벽하지는 않더라도, 지속해서 그리고 효율적으로 학습 피드백을 할 수 있는 방법이 무엇일까를 고민했다. 남들이 해 온 방식에 따라, 선배들이 이렇게 하니까 좋더라 하는 것을 배우기보다는 내가 원하는 방식대로 비즈니스를 해나가야 진짜 내 것이 되는 것이라고 생각했다. 그리고 그 방식대로 해나가기 시작했고, 지금까지 큰 탈 없이 잘 해나가고 있다.

첫해에는 피드백의 중요성을 알기에, 매달, 모든 회원들에게 다 피드백을 하려고 애썼다. 한 달간 공부한 교재들과 학습물들을 따로 챙겨 모았고, 성적표와 비슷한 학습 성취도 결과지를 첨부하는 등의 일을 했다. 하지만 학생 수가 늘어남에 따라, 피드백을 위해 포트폴리오를 준비하는 것 자체가, 수업 연구와 준비를 하는 것 이상으로 많은 시간이 들었다. 퇴근하고도 포트폴리오를 준비하느라고 늦게 퇴근하고, 주말에도 따로 출근해서 온종일 일했다. 즉, 점점 노동이라는 원가가 많이 들어가는 일로 변하고 있었다.

그래서 어느 순간, '지금 하고 있는 이 힘든 노동이 내 사업에 새로운 가치를 창출하는 일인가?'라는 생각을 하게 되었다. 즉, 이 업무가 내 사업에 기여하는 중요도가 얼마나 높은가. 라는 고민을 하게 되었고, 결과는 '그다지'였다. 재원생 학부모를 만족시키기 위한 것이 유일한 목적이었고, '그렇다면 그 목적을 이루기 위한 다른 효율적인 방법은 없을까.'를 고민하기에 이르렀다.

쉬는 날에도 출근하고, 퇴근하고도 일하고. 이렇게 일과 생활의 경계 없이, 일에 치여 사는 것은 내가 원하는 방식의 일이 아니었다. 그래서, 오픈 한 이듬해부터는 과감한 방식으로 바꿔 나가기 시작했다. 가장 먼저 한 일은, 교재와 학습물들의 배부 대상을 회원 전원에서 신청자로 축소시켰다. 책과 학습물들을 공들여 준비해 집으로 보냈을 때, 그것을 보지도 않고 버린다는 학생들의 이야기를 들었기 때문이다. 그래서 관심 있게 보실 분들께만 보내드리겠다고 양해를 구하고, 교재 배부 희망자 명단을 확보했다. 교재를 집으로 안 보내주어도 된다는 학생들의 것은, 학원에서 자체적으로 폐기 처분을 하겠다고 공지했다. 집에 가면 어차피 버려지는 것을 뭐하러 아이들 편에 무겁게 쓰레기를 들려 보내나.

그 대신, 나는 보다 가벼운 방법으로 피드백하는 쪽으로 방향을 수정했다. 무수한 학습물 가운데, 유의미하다고 보이는 대표적인 것들만 두세 장 정도 사진을 찍어 보내드리거나 수업하는 모습을 1분 내외로 찍어서 카톡으로 전송한다.

저학년과 신입생의 경우, 큰 변화나 발전을 끌어내는 것이 어렵기 때문에, 결과물보다는 과정을 보여주는 것에 피드백 목적을 두고 있다. 열심히 공부하는 모습이나 짧은 동영상 등을 찍어 그때그때 전송한다.

그러고 나서 하단에 감상 포인트를 네다섯 줄 정도 적어 보내면 그것으로 피드백 끝이다. 교재 회수를 희망하시는 분들께는 매달이 아닌, 몇 달 치를 모아 한 번에 보내고, 학습 상황에 대한 피드백은 그때그때 유선 피드백으로 대체한다. 이렇게 피드백 업무를 간소화하자, 더 이상 야근도, 주말 출근도 없어져 일과 개인 삶의 균형을 되찾을 수 있어 만족스러웠다.
대신, 피드백 텀이 너무 길다고 느껴져 그사이에라도 궁금하신 점이 있으신 분들은 언제든 개인적으로 학습 상담을 신청하실 수 있도록 했다.

다만, 이러한 약식의 피드백을 보완하기 위해서 6개월에 한 번 정도는 정교한 피드백이 필요하다고 생각했고, 그래서 도입한 방법은 바로 외부 공인시험을 도입하는 것이었다. 영어의 경우, 공인 영어 시험을 신청하면, 전국 단위의 백분율부터 문항별 분석 데이터가 가득한 고퀄리티 성적표가 발급되기 때문이다.

내가 만든 것보다 훨씬 더 분석적이고 전문적인 데에다가, 응시료는 응시자가 직접 결제하는 것이기 때문에 비용도 들지 않는다. 결국, 나는 시간적, 금전적 비용을 들이지 않으면서, 학부모의 알고자 하는 욕구도 동시에 만족시켜드리는 고퀄리티 피드백을 제공하는 셈이다. 공인시험을 보게 되면, 자체적으로 만든 성적표보다 더 신뢰할 수 있어 부모님들의 만족도도 훨씬 높았다. 내가 만든 것은 아무래도 다 잘하고 있다고만 할 수 있기 때문이다. 공신력 있는 기관에서 주관하는 시험이 내가 드리는 백 번의 피드백보다 더 신뢰할 수 있을 것 아닌가. 입장을 바꿔 학부모의 입장이 되어 생각해봤을 때에도, 학원 자체에서 보내오는 성적표보다는, 대외적인 시험과 공인 인증시험기관에서 발급해주는 성적표가 훨씬 더 믿음이 갈 것 같았다. 그러면 검증 끝난 것 아닐까.

이렇듯 디지털 시대의 효과적인 피드백들과 공신력 있는 피드백을 받을 수 있다면, 원장이 매달 피드백을 자주 안 한다고 해서 퇴원할 이유가 있을까.

오히려 원장이 학습 피드백과 관련한 잡무 피로도를 낮추고, 시험에서 좋은 결과를 낼 수 있도록 '가르치는 데에만 노력을 집중'하면 되니 본연에 충실할 수 있어 서로가 행복해졌다.

○●○○

1인학원의 생명, 원활한 학원 커뮤니케이션

1대 1 학습 피드백을 해야 할 때뿐 아니라, 원내 행사 등의 소식은 어떤 방식으로 전하면 좋을까? 학부모와 소통하는 방법은 여러 가지가 있지만, 상황과 성격에 맞는 방법들을 적절하게 혼용하는 것이 좋겠다.

먼저, 아날로그식 방법으로는 학원 가정통신문과 같은 '종이 안내문'을 가정으로 전달하는 것이다. 요즘은 학교에서도 종이 안내문보다는 전자 안내문으로 바뀌는 추세이다. 하지만 이는 확인하지 않을 가능성도 있으므로, 종이 안내문을 먼저 보내고 문자로 한 번 더 안내하는 것이 전달률이 높다. 나는 두 가지 방법의 하나만 고르라고 한다면, 문자 공지를 선택하겠다. 안내문과 같은 문서를 멋지게 잘 만들 수 있는 컴퓨터 활용 능력이 없기도 하거니와, 1인학원에서 이러한 문서 작성 업무까지 늘어난다면, 원장의 업무 피로도가 많이 올라갈 것이기 때문이다. 문서를 만들고, 그것을 출력하고, 또 예쁘게 접어서 봉투에 넣고 하는 것들이 다 일이다. 앞장에서도 언급한 바 있듯, 1인학원 원장은 모든 것을 혼자 다 해야 한다는 부담이 있기 때문에, 매사에 효율성을 기하는 것이 좋다.

그렇다면 학부모와 효율적으로 소통할 수 있는 도구는 어떤 것들이 있을까?

먼저, 카톡은 사진이나 학습 동영상 등을 전송하기에 편리하지만, 전송 용량의 제한이 있어 30초 이내의 짧은 촬영을 해야 한다는 단점이 있다. 카톡의 다양한 기능을 이용하면 텍스트 피드백뿐만 아니라, 더욱 깊이 있는 내용도 편하게 브리핑할 수 있다. 음성메시지라는 기능이 있기 때문이다. 최대 5분까지 녹음할 수 있어 시각적인 학습자료들을 먼저 보낸 후, 설명을 음성으로 보태면 훨씬 효과적으로 피드백이 된다. 음성으로 피드백을 하면, 양방향 커뮤니케이션은 아니지만, 훨씬 인간적이고 친근한 메시지를 남길 수 있어서 좋다. 또한, 간단한 내용이 아닐 때에는 카톡도 장문이 되는데, 장문의 메시지는 보는 사람도, 보내는 사람도 힘들다. 말로 하는 메시지의 장점은 음성이기 때문에, 심각한 사안에 대해 이야기할 때도 텍스트로 전달되는 것보다 훨씬 좋은 느낌을 받을 수 있다는 점이다. 따라서 굳이 통화 시간을 맞추어가면서 서로가 부담스러운 전화로 상담할 필요가 없다.

이처럼 편리한 카톡 플랫폼에도 단점은 있다. 상대방이 핸드폰을 바꾸거나, 대화방에서 나가기를 하면, 이전 대화 내용과 사진들이 모두 삭제가 되는 단점이 있다. 따라서 상담 기록을 남겨두고자 하거나, 중요한 내용들을 주고받아야 한다면 문자메시지를 활용하는 것이 좋다. 특히, 결석과 보강에 관련된 내용은 수업일수 및 교육비와 직접 연결되는 부분이므로, 추후 논란의 여지를 없애기 위해서라도 문자로 전하는 것이 좋다.

또, 단체카톡방을 개설하여 전체 학부모를 초대하는 경우, 한 번에 공지를 효율적으로 전달하고, 읽었는지 아닌지를 메시지 확인 숫자로 확인할 수 있다는 장점이 있어 편리하다. 하지만 여기에는 몇 가지 치명적인 단점도 있다. 따라서 카톡 단톡방은 개설 전에 신중을 기하기 바란다.

단톡방의 첫 번째 단점은 학원의 자산과도 같은 회원 수가 카톡방 참여 인원으로 여실히 공개된다는 점이다. 학부모가 전체 학원생 수가 몇 명인지 아는 것은, 경우에 따를 수 있지만, 좋은 점보다 안 좋은 점이 더 크다고 생각한다. 학생 수가 많은 경우라면, 어떤 학부모는 그만큼 잘 되는 학원이라고 생각하여 교육맛집이구나, 라고 생각 할 수도 있지만, 어떤 분은 학생 수가 너무 많아 자녀들이 관리를 덜 받게 될까봐 염려를 할 수도 있다. 또, 반대의 경우에도, 소수정예식이라서 좋다고 여길 수도 있지만, 어떤 분은 학생수가 이렇게 적은 것을 보니, 그다지 좋은 학원은 아니구나 싶을 수도 있는 것이다. 어떠한 경우라도, 개개인의 생각은 다를 수 있으니 1인학원의 학생수 공개는 가급적이면 안 하는 것이 낫다는 생각이다.

가장 큰 단점은 바로 탈퇴하는 회원이 생겼을 때, '나가기'를 부탁 드려야 하는 점이고, 또 탈회 소식이 실시간으로 의도치 않게 재원생 학부모에게도 전해져 동요를 일으킬 수 있기 때문이다. 학원 운영은 영업과 마케팅을 결정 짓는 요소로 소비자의 심리를 빼놓을 수 없다. 따라서 잘 팔리는 곳에 가고 싶고, 남들이 떠나는 곳에서는 같이 떠나고 싶은 군중심리가 있기 마련이다. 이럴 때, 카톡방에서 회원의 드나듦이 여실히 드러나게 되는 것 만큼, 위험한 것도 없다는 생각이다. 혹여, 학원에 작은 불만이 있었던 분이 다른 회원의 탈회 소식을 보게 된다면, 나도 나갈까? 역시 다른 사람들도 별로라고 생각하는구나. 하면서 분위기를 타게 될 위험이 도사리고 있다는 말이다. 좋은 이야기보다 부정적인 이야기들이 더 빠르게 퍼지는 법이다.

단톡방의 마지막 단점은, 예상했듯이 정보 홍수이다. 원장이 한마디만 해도 수십 명의 학부모들이 대답과 인사 등을 한다. 이에 일일이 응답을 해야 해서 피로감이 높아진다. (누구는 응대 해주고 누구는 안 해줬다고 무시당한 것 같은 기분을 느꼈다는 학부모도 있었다) 또, 핸드폰으로 업무를 많이 하시는 분들이 있을 때, 수시로 카톡이 떠서 일할 수가 없다는 컴플레인을 받은 적도 있었다. 이처럼 학원 단톡방은 득보다 실이 훨씬 더 많으니, 될 수 있으면 학원 공지는 다른 방법으로 전달할 것을 권한다.

학부모와 소통할 수 있는 두 번째 매체는 바로 SNS이다. 인스타그램이 요즘 젊은 학부모들이 많이 이용하는 플랫폼이기는 하나, 페이스북 계정을 따로 만들거나 이메일 혹은 전화번호 인증을 해야 하는 번거로움 때문에, 간혹 인스타그램 게시물을 못 보는 경우도 많다. 학원 소식을 전할 때에는 단, 한 명이라도 소외되는 사람이 없어야 하므로, 인스타그램 플랫폼은 학원 전체 공지를 전달하는 용도로는 적합하지 않다. 또, 불특정 다수의 공개 플랫폼이기 때문에 학부모들이 아이들의 사진 노출 등에 대한 거부감이 있을 수 있기에 주의가 필요하다. 아이들의 학습하는 모습이나 동영상 등을 게시할 때는 일일이 사전에 학부모의 허락을 받은 후에 올려야 하는 불편함이 따른다. 만일, 이러한 절차를 번거롭게 생각한다면, 모자이크나 스티커 등을 통해 학생의 얼굴을 가려야 한다.

이와 같은 학생 초상권에 대한 염려가 있다면 대안으로 사용할 수 있는 플랫폼이 바로 '밴드' 어플이다. BAND는 비공개로 운영할 수 있기 때문에 학부모로 확인된 사람들만 구성원으로 모을 수 있다는 장점이 있다. 이 안에서 마음 편하게 아이들 사진을 공유할 수 있지만, 이 또한 단점도 있다. 학원 밴드의 단점은, 같은 학부모끼리의 경쟁심 유발, 그리고 아이들 간의 학습 격차가 여실히 드러나기 때문에 주의가 필요하다. 다른 아이는 이렇게 잘하는데, '우리 아이는 이게 뭐야?' 하는 속상함이 옆집 아이와 비교하는 엄마로 표출될 수 있고, '왜 우리 아이 소식만 안 올라오지'하는 섭섭함도 유발할 수 있다. 이를 방지하기 위해서는 모든 아이들을 한 번씩 골고루

빠지지 않게 돌아가며 게시해야 한다는 부담이 생긴다.

이를 위해서는 학생별로 게시물 개수를 관리해야 해서, 여간 힘든 일이 아니다. 수업을 하면서 미촬영 명단을 파악하고, 빠짐없이 촬영하기란 결코 쉽지 않다. 즉, 1인학원 원장의 업무 강도가 높아지게 된다는 크나큰 단점이 생긴다. 따라서 밴드를 활용할 때는 개별 회원들의 사진 및 동영상 게시보다는 단체 공지 등의 텍스트만 전달하는 목적으로만 사용하길 권장한다.

다음은 블로그로 소통하는 방법이 있다. 네이버 블로그는 학원 마케팅과 홍보법으로 추천할만한 플랫폼이다. 주로 학원을 검색할 때, 네이버에서 검색을 하는데, 네이버 블로그가 있다면 이를 통해 더욱 많은 학원 정보를 쉽게 얻을 수 있기 때문이다. 블로그를 보고 문의 전화까지 하는 경우가 많다고 하니, 홍보가 중요한 학원업은 반드시 블로그를 개설하고 주기적으로 게시물을 올려주기 바란다.

나는 블로그를 개설만 해두고 잘 활용하지 않았다. 거의 기존 회원의 소개로 증원이 되는 경우가 많았기 때문에 필요성을 느끼지 못했기 때문이다. 하지만 최근 들어 블로그를 다시 하기 시작했는데, 그 이유는 기존 회원과 소통하는 방식으로 유용하다고 판단했기 때문이다.

회원 수가 늘어나다 보니 한 명씩 개별 카톡으로 피드백을 하는 것도 비효율적이었다. 인스타그램, 밴드, 카톡, 문자 모든 것을 다 활용하고 있었지만, 아이들의 학습 상황을 일상 소통을 통해 효율적으로 전달하는 방법을 찾지 못했기 때문이다. 그래서 플랫폼 간의 장단점을 따져보고 최선이라고 생각한 소통방법이 바로 블로그였다. 재원생 이탈을 방지하기 위해서는 학부모 간담회 등을 통하여 학원장이 부모님들과 지속적으로 소통하는 것이 필수이다. 또한, 내 가게를 이용하는 손님을 단골로 만들기 위한 노력이 필요하듯, 재원생 학부모를 우리 학원의 팬으로 만들기 위한 노력들이 필요하다. 신규 상담 이후에는 별도로 학부모님을 만날 기회가 많지 않은 관계로 깊이감 있는 소통이 아쉬울 때가 많았다.

학원장은 나를 믿고 자녀들을 맡겨주시는 학부모님들을 이끄는 리더이다. 따라서 계속해서 리더를 믿고 맡기게 하려면, 지속적인 학부모 교육이 필수이다. 시간이 지나면, 상담 시에 원장에게 가졌던 호감이 잊혀지기에, 원장의 마인드나 교육관, 열정 등을 꾸준히 상기시켜야 한다. 그래야 학습 유지 기간을 더 오래 지속시킬 수 있다. 그로 인해, 스스로가 선택한 학원에 대한 믿음과 확신이 강화되면 소개도 더 많이 해주실 수 있다. 학부모 교육이 중요한 이유이다. 이렇게 학부모 간담회나 설명회가 중요하다는 것을 알아도 실행하기가 쉽지는 않을 것이다. 1인 학원에서 하기에 규모 있게 해야 한다는 생각이 들어 부담스럽고 힘든 일일 것이기 때문이다. 대면이든 비대면이든 1대 다수의 학부모 앞에서 혼자 행사를 진행한다는 것은 큰 용기가 필요하다.

이럴 때, 대안으로 할 수 있는 방법이 바로 블로그에 글쓰기이다. 말과 글이 가지는 힘, 그리고 진지하고 깊이 있는 이야기를 전하기에 글처럼 좋은 수단은 없다.

블로그는 누구나 쉽게 게시물을 볼 수 있다는 편리함도 있는 동시에, 학원 행사 등의 공지문도 쉽게 작성할 수 있고, 게시물링크 복사 기능을 사용하여 단체 문자 공유도 간편하다. 그렇게 하면 문자를 받은 학부모들이 문자 내의 링크 주소만 클릭하면, 쉽게 블로그 내의 게시물을 확인할 수 있으므로 중요한 공지문의 도달률도 높다. 또, 재원생 학부모님들이 내 블로그에 댓글을 달아주시면, 학원을 알아보기 위해 들어오신 가망 회원에게 좋은 영향을 주기도 하기에 더욱 효과적인 마케팅이 된다. 실제 학부모들의 생생한 후기를 캡처하여 인스타그램에도 올릴 수 있으니, 후기 마케팅도 할 수 있어 그야말로 일석이조이다.

신입생 모집을 위한 효과적인 홍보 로드맵

공부방을 운영하다 보면, 시간이 지남에 따라 탈회생이 생기기 마련이다. 따라서 회원의 빈자리를 충원하기 위해서 홍보는 지속적으로 해야 한다. 이때, 많은 노출을 위해 전단지 수백 장을 목표 없이 그냥 뿌려대기만 한다면 소기의 성과를 거둘 수 없다. 공부방의 마케팅은 따발총처럼 불특정 다수에게 뿌려대는 것이 아니라, 정확한 타겟팅으로 소총 한 방을 쏘는 것이 훨씬 더 효과적이라는 말이다.

1인 공부방이 할 수 있는 오프라인 홍보는 전단지 제작, 배후 아파트 게시판 광고, 인근 학교 앞 공익광고 게시판 광고, 아파트 거울 광고, 버스 광고 등 다양한 방법이 있다. 이 중 1인학원에 가장 효과적인 것은 전단지를 제작하여 학교 앞으로 직접 나가거나, 배후 아파트 세대 정문 등에서 전단지와 오픈 선물을 함께 나누어 주는 것이다. 아이들 하교 시간에 맞추어서 데리러 가는 초등 저학년 학부모들을 겨냥한 홍보용 선물을 함께 나누어 주는 것이 일반적이다. 대부분 회원 모집이 잘 되는 학원들은, 이런 홍보들을 정기적으로 주 1회 내지는 주 2회씩도 한다.

고백하자면, 나는 오픈할 때 최초 1회만 했고, 지금까지 90% 이상이 소개로 오고 있어 이 부분을 게을리하고 있다. 겸연쩍기도 하고, 홍보용 전단지를 받지 않고 거절도 받아야 하는 무안함을 각오해야 하기에 오프로드 광고 및 홍보는 1인학원을 하는 원장들에게는 많은 용기와 준비가 필요한 부분이기도 하다. 그럼에도 불구하고 용기를 감행하는 학원장들은 이러한 오프라인 홍보를 통해 직접 학부모들을 만나면서 친숙해지기도 하고, 학원을 각인시키는 효과를 톡톡히 볼 수 있다고 이야기한다.

만일, 오프라인 홍보가 너무 힘들다고 느껴진다면, 온라인 홍보를 두 배로 열심히 해보자. 온라인 홍보 플랫폼은 앞서 언급한 바 있다. 이 중, 지역 내의 근거리 수요를 찾아야 하는 1인학원의 특성상, 요즘 '당근마켓'이라는 앱이 효과적이라고들 한다. 이전에는 인스타그램 홍보가 SNS 마케팅의 가장 많은 부분을 차지했다면, 최근에는 당근마켓 내의 지역 마켓으로 업체 등록을 하고, 유료 광고를 사용하면 정확히 타겟팅된 사람들에게 광고할 수 있으니 효과적이다.

이렇듯 다양한 온라인 플랫폼들을 활용할 때, 꿀팁이 있다. 이러한 것들을 다 활용하고 있음에도 홍보 효과를 그다지 못 느끼고 있다면, 내가 추천하는 방법을 참고해보기 바란다. 이들을 각기 따로

1인학원 운영관리, 이것만은 꼭!

따로 산발적으로 사용하는 것보다, 서로 유기적으로 연결해야 시너지를 낼 수 있다. 다시 말하면, 플랫폼 간, 일정한 노출 프로세스를 만들면 좋다. 학부모들이 상담을 오기 전까지 최대한 많은 정보에 노출되도록 하기 위함이다.

예를 들면, 첫 번째로 네이버 플레이스 지역 광고를 등록한다. 네이버가 연결해주는 문의 전화가 오면, 방문 상담을 예약하고 통화가 끝난 후에 휴대 전화번호를 저장한다. 그다음에는 상담 예약 일정 안내 문자를 전송한다. 마지막으로 인스타그램과 학원 블로그 링크를 함께 보낸다. 그러면 방문 상담을 오기 전까지 남은 시간 동안, 학원 운영에 관한 다양한 홍보물들을 접하면서 호감도를 키울 수 있기 때문이다. 방문 상담 전에 이렇게 온라인 홍보 자료들을 보고 오면, 전단 10장 이상 본 것과 같은 정보에 노출되어 오는 것이기 때문에 상담에서 더 좋은 결과를 끌어내는 효과가 있다고 믿고 있다.

1인학원의 홍보는 할 수 있는 건 다하자. 그리고 이들을 유기적으로 연결하자. 각 플랫폼의 특성을 활용하여 나만의 홍보 흐름을 만든다면 전단지 1000장에 못지않은 효과를 낼 수 있으리라.

학원 운영관리의 필살기, 컴퓨터 활용 능력

1인학원은 원장이 모든 것을 다 해야 한다. 학생관리부터 학습관리, 그리고 운영관리까지. 많은 것을 체계적으로 관리해나가기 위해서는 나만의 관리 파일들이 필요하다. 수업료 관리부터, 교재 주문과 재고 파악, 상담 기록 등을 주먹구구로 하다 보면, 실수하고 빠뜨리기에 십상이다.

관리 서식파일을 만들때에는 한글이나 워드 프로세서 등의 프로그램을 다룰 수 있겠지만, 표를 만드는 데는 엑셀만큼 편리한 것이 없다. 마이크로 소프트 오피스 프로그램의 하나인 엑셀 프로그램은 배워두면 그때그때 필요한 양식들을 뚝딱 만들 수 있으므로 가장 많이 쓰이는 기능 위주로 간단히 배워두기를 추천한다.

표 만들기를 위한 엑셀의 가장 기본은 열과 행에 어떤 내용을 입력할 것인지를 생각해보는 것부터 시작한다. 예를 들어, 아이들마다 등원 시 체온을 측정하고 기록하는 체온기록표를 만들고자 할 때,

무엇부터 해야 할까.

프로그램을 열기 전에, 머릿속으로 먼저 구상해보는 것이다. 열과 행에 어떠한 내용을 기입할 것인지를 머리속으로 그려보고, 종이에 직접 표 시안을 그려보자. 디자인 구상이 끝나면, 프로그램을 이용하여 표를 만드는 것은 순식간이다. 지금 프로그램을 열고, 직접한 번 실습해보자. 엑셀의 편리한 기능은 워낙 많지만, 다 배울 필요는 없다. 학원 운영에 필요한 관리 양식을 만드는 데에 꼭 필요한 내용만 배워도 충분하다. 엑셀을 처음 다루어 보는 이들도, 어렵지 않게 누구나 할 수 있다. 차근차근 따라 해보자.

엑셀 프로그램을 열고, 첫 화면에서 '파일' – '새로 만들기' – '새통합 문서' 만들기를 순서대로 누른다.

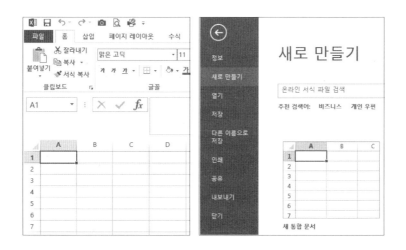

이제, 하단에 자동으로 부여된 시트의 이름 'sheet 1'에 마우스 커서를 올려놓고, 마우스 오른쪽 버튼을 눌러 '이름 바꾸기'를 선택한다. 예를 들어, 위의 경우에는 '체온기록부' 정도로 바꾸고 싶은 시트 이름을 입력하면 된다. 여기까지 했다면, 파일을 만들 준비가 끝난 것이다.

이제 본격적으로 내용을 입력해보자.

'체온기록부'를 만들고자 할 때, 가로 열과 세로 열에 어떤 내용을 입력하면 좋을까. 여러 가지 방식으로 표현할 수 있겠지만, 가장 간단한 것은 가로 열에는 '학생 이름'과 '체온', 세로 행에는 행 번호를 입력하면 된다.

이때, 행 번호는 A2 셀에 1을 입력하고, 2부터는 일일이 숫자를 입력할 필요 없이 오름차순으로 자동 입력되는 기능을 이용하자.

위와 같이 A2 셀을 클릭하면, 셀 주변에 초록색 테두리와 모서리에 작은 초록 네모가 보일 것이다. 이때, 초록 네모에 마우스를 갖다 대면 검은색으로 +로 커서가 바뀐다. 이때, 키보드에서 CTRL 컨트롤 버튼을 누르면 +가 두 개가 생기게 되는데, 이 상태에서 CTRL 버튼을 누른 상태에서 아래로 쭉 마우스를 끌어 내리면 아래 그림과 같이 숫자가 자동입력 된다.

여기까지 되면, 가장 중요한 것은 다 한 셈이다. 마지막으로 이 내용들을 보기 좋게 표로 만들 차례이다. 불필요하게 칸이 넓은 A 열의 셀 폭을 줄이고, 표 테두리를 만들어 보겠다.

	A	B	C	D	E	F	G
1		학생 이름	체온				
2	1						
3	2						
4	3						

A 열의 너비를 줄이기 위해, A와 B 열 사이에 마우스 포인터를 갖다 대면 〈–I–〉와 같이 양쪽 화살표로 바뀐다. 그것을 누르고 왼쪽으로 끌어가면 셀 너비가 아래와 같이 줄어들게 된다.

	A	B	C	D	E	F	G
1		학생 이름	체온				
2	1						
3	2						
4	3						
5	4						

이제 한 쪽으로 치우쳐있는 글씨들을 셀 가운데로 모을 차례이다.

먼저, A와 1 사이에 있는 모서리 ◢ 를 클릭하고 전체 시트 영역을 선택한다. 그런 다음, 위쪽의 텍스트 '가운데 맞춤' 아이콘을 클릭하면 된다.

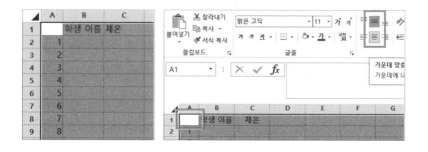

여기까지 되었다면, A1 셀에 행과 열의 구분선을 대각선으로 그려 넣을 차례이다.

A1 셀을 클릭한 후, 오른쪽 버튼을 누르면 왼쪽과 같은 메뉴들이 나온다. 이 중에서 '셀 서식' 메뉴를 누르면, 다음과 같은 화면을 보게 된다.

여기에서 '테두리' 탭을 누르고, 선의 종류를 선택한 후, 선을 긋고 싶은 부위를 클릭하면 아래와 같이 사선이 그려진다.

또 자주 쓰는 기능 중 하나는, 셀 병합하기 기능이다. 두 개 이상의 이웃한 셀들을 하나로 합치는 기능인데, 사용 방법은, 합치고자 하는 셀들을 드래그하여 선택한 후, 병합을 의미하는 버튼을 눌러주기만 하면 된다.

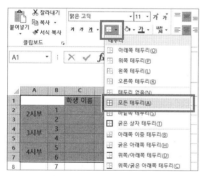

이제 마지막으로 표 테두리를 그리면 완성이다. 먼저, 표를 그리고 자 하는 영역을 마우스 드래그(끌기)하여 아래와 같이 선택영역으로 표시가 되면, 테두리 단축 아이콘을 눌러, '모든 테두리' 버튼을 누르면 된다. 그러면, 회색 실선이었던 것들이 검은색 실선으로 바뀌어 있는 것을 볼 수 있게 된다. 엑셀의 회색 선들은, 입력 시 편의를 위한 임시 구분선이기에, 출력하게 되면, 표는 없고 글자만 인쇄되니 유의하자.

지금까지 '왕기초 엑셀 입문'을 배워보았다. 처음 배우는 분들은 복잡하게 느껴질 수 있지만, 몇 번만 만져보면 금세 익숙해질 것이 다. 모쪼록 엑셀 프로그램을 활용하여 보다 전문적이고 체계적인 운 영을 해나가기를 기원한다.

1인학원 매출을 상승시키는 4가지 비법

학원의 매출을 높이는 방법으로 신규 학생을 발굴하는 것이 가장 일반적이지만, 다른 방법도 있다. 영업이나 판매를 할 때 '객단가'라는 마케팅 용어가 있다. 객단가란 고객 1명이 일으키는 평균 매입액을 의미한다. 이렇듯, 교육사업에서 신규매출을 일으키는 것과 동시, 학생 1명에 대한 객단가를 동시에 올리면 매출이 50% 이상 성장하는 효과가 있다. 학원 사업장의 객단가를 올리는 방법은 여러 가지가 있겠지만, 오픈 3개월 이후, 홍보하지 않고 가장 빠르게 회원을 늘리는 방법 중 하나는 바로, 기존 회원의 형제자매를 등록시키는 것이다. 따라서 기존 학생의 형제자매 추가 등록을 염두에 두고, 재원생 관리를 하면 효과적이다.

이를 위해 신규 상담 시 형제 할인 적용 등의 혜택을 설명하고 형제자매가 있는지, 있다면 몇 학년인지 물어보고, 따로 기록해두자. 보통은 급하다고 여겨지는 자녀 한 명을 먼저 보내고, 마음에 들면 차차 형제자매도 등록하므로, 형제자매 등록은 중장기적으로 보는 것이 좋다. 첫 아이를 최선을 다해 관리하여 학부모님이 만족하시게 되면, 둘째 셋째도 교육이 필요한 시점이 되었을 때 함께 보내주시게 된다. 그러니 섣불리 형제자매를 타겟으로 직접적으로 다가가기보다는 간접적으로 다가가는 것이 좋다. 동생의 이름들을 기억해 두었다가 자연스럽게 안부를 묻고, 지속적인 관심을 표하자. 그러면 차차 둘째를 향한 원장의 교육 열정과 책임감이 보이기 시작할 것이고, 결국은 동생들도 함께 보내주실 것이다.

더욱 적극적인 방법으로는, 재원생의 형제자매를 원내 이벤트에 함께 초대하면 효과적이다. 학원과 선생님에 대한 경계심을 허물고, 즐거운 시간을 보내는 동안 친숙함이 생기기 때문이다. 이 외에도 연 1, 2회 정도 형제자매들을 위한 '일주일 무료 체험 수업' 혹은 형제등록 '추가' 할인 프로모션 등을 하면 자연스레 둘째 교육에 관한 관심을 유도할 수도 있다.

또, 재원생 학습 상담 중에 동생들의 교육에도 관심을 보이시는 학부모를 만날 때가 있다. 그럴 때는 생각하고 계시는 교육 시기 등을 체크하면서 상담을 가볍게 이어나가면 된다.

신규회원 등록 이외에 회원 한 명의 객단가를 올리는 두 번째 방법은, 바로 '집중학습'이다. 이는 매일 1시간씩 공부하는 학생들과 달리 두 배로 진도를 나가면서, 학원에서 공부하는 시간도 두 배로 늘리는 것을 말한다. 하루에 두 시간씩 공부해야 하므로, 월 교육비의 두 배를 청구해도 안 된다고 말할 수는 없다. 하지만 학부모의 경제적 부담을 생각해서 월 교육비의 1.5배 정도를 청구하는 것이 통상적이다. 예를 들어, 월 교육비가 20만 원이라면, 2배인 40만 원을 청구하는 것이 아니라, 30만 원 정도로 책정하는 것이다. 그러면 학부모는 10만 원의 할인 혜택을 받는 느낌이 들고 비용적인 면에서 큰 만족감을 가질 것이다. 이에, 아이의 공부량이 두 배로 늘어난 만큼, 빠른 실력 향상은 덤이다.

이처럼 집중학습(혹은 배가학습)은 학원 입장에서는 1.5배 매출 상승, 학부모 입장에서는 만족도 상승, 학생 입장에서는 실력 향상이라는 이상적인 커리큘럼이다. 하지만, 누구에게나 적용할 수 있는 방법은 아니다. 과연 어떤 친구들에게 집중학습을 권해야 할까?

첫째, 집중력이 받쳐주는 학생이어야 한다. 억지로 두 시간씩 공부를 시킨다고 해도, 학생의 집중 시간이 짧으면 소용이 없기 때문이다. 오히려 힘들어서 학습 자체를 거부하는 역효과 또한 나타날 수 있어 주의를 요한다. 두 번째는, 해당 과목 학습을 또래보다 늦게 시작해서 학생 스스로가 학습 동기가 강한 친구들이다. 제아무리 좋은 것도, 본인이 가슴으로 원하지 않으면, 공부의 효과는 크게 기대할 수 없다. 뇌 과학적으로도, 스스로 깨치고자 하는 마음 없이는 공부한 것을 잘 기억하지 못한다고 한다. 그러니, 본인이 하고자 하는 의지가 있는지의 여부를 확인하고 진행하는 것이 좋겠다.

학원의 객단가를 올리는 세 번째 방법은 방학 중의 특강을 활용하는 것이다. 시간이 많은 방학 때를 이용하여, 그동안 부족했던 부분을 보충할 수 있는 특강을 준비하자. 영어 과목의 경우에 문법 특강, 외부 공인영어인증시험 등의 시험 대비특강, 어휘 특강 등을 기획하자. 특강료는 보통 주 1회 커리큘럼이며, 월 4회 기준으로 수강료를 책정한다. 비용은 보통 기존 수업료의 40% 정도이면 무난하다.

객단가를 올리는 네 번째는, 공부방일 경우에만 가능한 방법이다. 바로, 교습 과목을 추가하는 것이 그것이다. 공부방의 경우 개인과외교습자로 분류가 되어, 교습 과목을 여러 과목으로 추가할 수 있다. 하지만 교습소의 경우에는 단 한 과목만을 교습할 수 있다는 제약이 있으니 이 방법은 참고만 하는 것이 좋겠다.

과목을 추가하게 되면 아이들이 한 곳에서 다른 과목도 함께 공부하고 갈 수 있기 때문에 학부모님들도 반색한다. 하지만 원생 수가 많은 공부방의 경우에는 두 과목의 효율적인 지도 관리가 어려울 것이므로, 시간당 5명 미만의 공부방만이 고려해 볼 수 있는 옵션일 것이다. 이때, 공부방은 친족의 경우에만 교습자 추가 신고가 가능하기에 혼자서 감당할 수 있는지를 판단 후 과목을 추가해야 한다. 따라서 과목을 추가하고자 할 때는 될 수 있으면 프랜차이즈 가맹 브랜드를 가맹할 것을 권한다. 혼자서 1인 2과목을 관리하려면, 보다 시스템화되어 있는 과목, 만들어져있는 교육 시스템을 빌리는 것이 좋기 때문이다. 프랜차이즈 가맹을 권하는 이유는, 코칭만 하면 된다는 것이다. 온라인 문제 은행에서 테스트지를 출력해서 나눠주고, 패드로 평가 문제를 풀고, 온라인으로 즉석 채점이 되고, 온라인 학력 평가와 분석적인 피드백지 제공 등의 효율적인 관리가 가능한지 등의 편리한 코칭 시스템이 있는지를 알아보고 결정하는 것이 좋겠다.

수업운영 규칙으로 면학 분위기를 잡아라

참새 같은 초등학생들이 열 평이라는 좁은 공간에 9명씩 모여들면 금세 시끌벅적해지기 십상이다.

"선생님, 있잖아요~" 하면서 아이마다 한마디씩 하는 것을 다 받아주고, 공부와 관련 없는 질문들을 받다보면 수업이 산만해진다. 또한, 아이들의 입장에서도 조용하게 공부에 집중할 수가 없어지므로, 면학 분위기를 형성하는 것은 학원장의 관리력을 보여주는 첫 번째 지표이기도 하다. 따라서 적당한 수업 규칙을 만들어 따르게 하는 등의 교실 통제는 필수이다.

면학 분위기를 만드는 첫 번째 단계는 불필요한 수다를 통제하는 것이다. 특히나 영어 학습의 경우, 어학기에서 흘러나오는 원어민의 음성을 듣고 녹음을 하거나, 듣기 평가 등의 문제가 있기 때문에 주변이 시끄러워서는 학습 효과가 현저히 떨어질 수밖에 없다. 그래서 나는 도서관처럼 조용한 면학 분위기를 만들기 위한 방법을 연구했다.

밝고 자유로우면서도 조용하고 진지한 학원. 이 두 가지 가치를 모두 충족시키고 싶었다. 그래서 게임처럼 재미있고 흥미로운 페널티를 만들 방법을 연구했다. 2000원짜리 모래시계 하나로, 순식간에 어수선한 분위기를 정돈시켰다. 수업이 끝났는데도 집에 가지 않고 학원에서 놀고자 하는 아이들에게는 '투명망토'를 씌웠다. 그것을 입으면 투명인간이 되는 것이라서, 아무에게도 말을 걸 수 없고, 누구도 말을 걸어올 수도 없다. 이렇게 함으로써 진지하게 공부하고자 하는 아이들이 피해를 보지 않도록 관리했다. 이 때문에, 목소리 큰 남학생들로 가득해도 책장 넘기는 소리, 연필 쓱싹 이는 소리만 들린다.

큰 소리로 "안녕하세요~~" 인사하면서 뛰어 들어오는 아이들에게, 바로 "쉿" 사인을 주면서, 학원은 도서관을 이용할 때와 동일한 매너를 가져야 하는 곳으로 인식시켰다. 여럿이 모여 공부하는 장소에서의 공공 예절을 가르치는 셈이다. 초등학생쯤 되면, 사회적으로 지켜야 하는 매너 등은 지킬 수 있다.

이러한 것을 매일 망각하는 학생들에게는 그때그때, 조용히 매너를 가르치고, 경각심을 심어준다. 학원 이용 수칙을 자주 어기는 친구들에게는 페널티를 부여하기도 한다. 적용할 수 있는 페널티는 '공부시간 5분 연장', '10분 연장', '포인트 차감', '숙제 더 내기' 등이 있다. 지적을 받을 만큼, 열심히 하지 않는 친구들에게는 학원에서 공부하는 시간이 기쁠 리 없다. 따라서 하원 시간 연장만큼 아이들이 무서워하는 것도 없다. 하늘이 무너지는 것 같은 표정을 짓는 친구를 보며 다른 친구들도 덩달아 태도를 고쳐 앉는 모습들을 보게 될 것이다.

이처럼 효과적이지만 너무 치명적이지는 않은, 우리 학원만의 수업규칙을 만들어보는 것은 어떨까.

○●○○

공부하기 싫어하는 아이들, 공부하게 만들기

우리 학원에는 공부하기 싫어하는 아이들은 있어도, 공부를 안하는 아이들은 없다. 초등학생들이 무슨 원대한 꿈이 있어 스스로 공부의 목표를 정하겠는가. 따라서 공부를 할 만한 것으로 여길 수 있도록, 학습 동기를 찾아주는 일이 교사의 첫 번째 과제라고 볼 수 있겠다.

동기부여 하는 방법은 내적인 동기, 외적인 동기, 두 가지가 있다. 아이들이 스스로 우러나서 학습 동기를 찾는 것은 전자요, 외부의 조건이나 보상에 의해 공부를 하는 것은 후자이다.

가장 바람직한 것은 전자의 방법이고, 그렇게 할 때 두뇌도 학습 내용을 더 잘 기억한다고 한다. 하지만 내적 동기를 찾아주는 것은 전문 동기부여 전문가 내지는 아동심리학 전문가가 아니라면 여간 어려운 일이 아니다. 매일 살 부대끼며 사는 내 자식도 공부 동기를 찾아주기는 쉽지 않다. 하물며 매일 한 시간가량, 그것도 1대 다수를 코칭하는 학원장이 어떻게 한 명 한 명을 면담하고 내적 동기와 꿈을 찾아줄 수 있겠는가.

이러한 이유로 대부분 학원에서는 외적 동기부여 방식을 더 많이 활용한다. 영어학원이라면 달러, 이외의 과목이라면 문화상품권, 실물 쿠폰 혹은 모바일 쿠폰 등의 다양한 방법으로 학생들을 독려한다.

나는 외적 동기부여 방법으로 포인트 제도를 운영한다. 각자 스스로 해야 하는 일일 학습 미션들을 개별 미션지에 적어 두고 L자 파일에 끼워 스스로 관리하게 한다. 그날그날 해낸 학습에 대해서는 미션 도장을 찍어준다. 미션 도장을 하나 찍을 때마다, 1포인트로 환산해서, 벽에 걸려 있는 각자의 포인트 판에 색칠하게 한다. 그 포인트들은 학원 내에서 통용되는 화폐인 셈이다. 이 포인트들로 원내 한편에 마련해 둔 미니 포인트샵에서 돈처럼 사용할 수 있게 한다. 포인트샵의 물품들은 간식류부터 학용품, 장난감까지 다양하게 갖추었다. 포인트를 모아서 물물교환하는 셈이다. 포인트가 모이면 그날그날 달달한 간식을 사 먹기도 하고, 포인트가 많이 모일 때까지 참았다가 큰 물품으로 바꾸어 가기도 한다.

아이들에게 이 포인트는 열심히 공부해서 스스로 따내는 용돈과도 같은 존재이다. 그러다 보니 아이들이 포인트 하나에 울고 웃는다. 포인트는 단순한 보상체계이지만 많은 아이들을 손쉽게 통제할 수 있는 일등 공신이다. 학습량에 따라, 또 학습 태도에 따라 열심히 한 친구들에게는 더 많은 포인트를 준다. 반대로, 규칙을 따르지 않거나, 지적을 받을 때는 포인트를 차감한다. 예를 들면, 누가 자꾸 떠들고 다른 친구들의 공부를 방해하는 학생들에게는 5분짜리 모래시계를 뒤집으면서, 아이들에게 '5분간 대화 금지' 주문을 건다. 모래가 떨어지는 시간 동안은, 한마디라도 하면, 가차 없이 그날 하루에 받을 포인트를 0포인트로 차감한다. 그날 집중을 못 해서 지적을 3번 받을 경우, 그날 포인트는 제로이며, 일주일간 포인트몰을 이용할 수 없다.

이렇게 포인트 제도는 나의 학원에서 학습과 면학 분위기를 조성하는 데 크나큰 역할을 한다. 공부 분위기 조성하는 방법, 학생들 통솔하는 방법에 대해서는 나의 유튜브 영상 〈1인학원, 한 방에 조용히 시키는 법〉에서 좀 더 이해하기 쉽게 풀어놓았으니 이를 참고하자.

자기주도학습을 위한 코칭 노하우

면학 분위기를 잡았다면, 다음은 많은 학생들을 체계적으로 코칭할 차례이다.

초등학생들이 주를 이루는 공부방은, 하교 시간에 맞추어서 아이들이 몰려들어 온다. 공부방 또는 교습소의 시간당 정원은 최대 9명이나, 개별 코칭형 수업을 하는 곳에서는 매일 매일 등원 시간에 변동이 많으므로 일정 규모 이상의 학생들이 있는 공부방들은 실질적으로 시간당 9명 이상을 교육할 때도 있다. 아이들이 오기로 한 시간에 오지 않고, 20분 30분씩 늦거나, 혹은 정해진 시간보다 빨리 오기 때문에 시간대별 정확한 인원 예측이 어렵다.

이럴 때, 그 많은 아이들을 강사를 쓰지 않고 원장 혼자서 돌봐야 한다면, 어떨까. 아마도 정신이 하나도 없을 것이다. 그룹형의 티칭 수업을 하는 1인학원이라면 큰 고민이 없을 것이다. 아이들이 모두 같은 교재로 같은 페이지를 펼치고 공부하니, 모두 선생님 한 명에게 집중할 것이기 때문이다. 하지만 대부분의 프랜차이즈 기반의 학원들은 1대 1 맞춤형 학습을 표방하고 티칭이 아닌 코칭 수업을 하게 된다. 이는 한 명 한 명마다, 학생에게 맞는 난이도의 교재를 모두 다르게 사용한다는 것이고, 진도도 천차만별, 지도 내용도 각기 다르다.

이 때문에 혼자서 동시에 여러 명의 학생을 관리하는 것은 자칫 관리 누수를 초래할 위험성이 있다. 따라서 1인학원으로 자기주도식 학습을 표방하는 곳일수록, 효율적인 관리 시스템이 필요하다.

나도 처음에는 주먹구구로 아이들을 과외처럼 돌봐주었다. 그런데 이렇게 하니, 여기저기서 선생님을 불러대는 통에 정신도 없고 관리도 효율적으로 되지 않았다. 이 아이를 봐주다가, 저 아이를 봐주다가. 아이들을 동시에 관리하다 보니 누구를 봐줬었는지 기억도 잘 안 나고, 선생님의 레슨을 기다리는 동안 다른 아이들은 그들끼리 떠들거나 장난치기 시작했고, 수업 분위기도 함께 무너지기 시작했다. 전체를 내려다보면서 조직을 유기적으로 통제해야 할 컨트롤 타워가 무너졌기 때문이다. 오픈 후 3개월간은, 이런저런 시행착오를 겪으면서 효율적인 관리 시스템을 도입하기 위해 고군분투하였는데, 지금 생각하면 시스템 부재로 함께 고생했던 초기 회원들에게 미안한 마음도 든다.

내가 돌아다니면서 꼼꼼히 지도했기 때문에, 아이들의 공부에는 누수가 없었다. 다만, 가장 문제는, 아이들이 가야 할 시간에 집으로 돌려보낼 수가 없었다는 점이다. 누가 먼저 왔었는지 파악이 되지 않아서, 나중에 온 친구를 먼저 보내기도 하고, 60분이 채 되지 않았는데 50분만 공부시켜서 보내는 실수를 하기도 했다. 또 반대로, 갈 시간이 지난 아이들도 생겨났다. 누가 몇 시 몇 분에 들어왔는지 기억할 수 없었기 때문이다. 그러다 보니 누가 가야 할 시간이 되었는지 인터넷 출결 시스템에 수시로 접속해야 해서 더욱더 정신이 없었다. 수업하면서 동시에 핸드폰 출석 체크 앱을 껐다 켰다 하며 하원 버튼을 누르는 것은 여간 번거로운 것이 아니었다. 한 마디로 많은 아이들에 치여서 관리력을 잃고 정신을 못 차리고 있는 느낌이 들었다.

'이렇게 주먹구구로 해서는 안 되겠다. 혼자서도 물새지 않는 학습관리와 많은 인원을 효과적인 통솔을 하기 위해서는 또 다른 시스템이 필요해.'

아이들을 제시간에 돌려보내지 않으면 학부모들이 걱정하는 것은 물론이요, 다음 타임 아이들이 학습할 공간도 제 때에 비지 않아 교습소가 잘 돌아가지 않는다. 식당에 비유하자면, 테이블 회전율이 낮아지게 된다. 한 명이 와서 오랫동안 식탁을 차지하고 있으면, 다음 손님이 오랫동안 대기를 해야 하는 상황이 생기는 것과 흡사한 상황이 벌어지는 것이다.

영어 공부방의 경우, 어학기를 최대 9대까지밖에 설치할 수 없다.

따라서 9명 이상이 동 시간에 오게 될 경우, 어학기가 설치되어 있는 책상을 어떻게 회전시키는지가 매우 중요하게 된다. 나중에 온 친구들이 공부할 자리가 없는 사태가 벌어지기 때문이다. 결국, 책상 회전율과 원장의 관리력에 따라 교습소의 정원이 결정된다고 볼 수 있다. 프랜차이즈 공부방을 선택한 원의 경우라면, 편한 시스템을 이용하여, 되도록 많은 학생들을 유치시키는 것이 공동의 사업 목표일 것이라 단언한다.

그렇다면 혼자서도 많은 학생을 관리할 수 있는 비결은 무엇일까? 60명 이상의 많은 아이들을 관리하는 여러 선배 원장들께 조언들을 조합하여, 이를 해결할 수 있는 열쇠를 찾을 수 있었다. 그것은 바로 원장이 한자리에 앉아서 관리하는 것이었다. 학생들로 하여금, 원장 지정석 주변 좌석에 차례대로 번호를 부여하고 원에 도착했던 순서대로 레슨을 받게 하는 것이 관리력을 높이는 비결이었다. 나를 둘레로 1, 2, 3, 4번 자리를 만들고, "누구야, 어학기 학습 다 했으면 2번 자리로 와. 오늘 공부한 거 한꺼번에 총 점검 받고 집에 가자"라고 말하면 된다. 그러면 원장 눈앞에서 1, 2, 3, 4번 자리에 앉아있는 4명의 학생을 동시에 관리할 수 있게 되어 관리력이 높아진다.

1번 자리는 원장과 가장 가까운 좌석이며, 이곳에서 그날 공부한 것을 한꺼번에 1:1로 학습 점검을 받게 된다. 1번이 점검받고 집에 가게 되면, 2, 3, 4번에 앉아있던 아이들은 1번 자리로 오기 위해 차례로 당겨 앉는 방식으로 자리가 순환된다. 1번이 점검을 받는 동안, 2, 3, 4번에 앉은 친구들이 넋 놓고 대기하는 것이 아니라, 각자 대기하는 동안 자투리 학습을 하게 된다. 원장은 앉은 자리에서 고개만 돌려가면서 4명의 학생에게 각자 할 것들을 부여하면 된다. 그러면 동시에 여러 명을 관리할 수 있게 된다. 그것도 누구 하나 불평 없이. 이렇게 하기 시작하자, 평소와 비교하면 절반의 에너지밖에 들지 않았다.

오픈하고 4개월 차, 비로소 교습소에 머무는 전체 학생들을 누수 없이 컨트롤 할 수 있게 되었다.

○●○○

정원마감, 양날의 검

학원이 자리를 잡으면, 1인학원 원장들은 또 다른 고민에 직면하게 된다. 바로 정원을 마감시킬 것이냐, 아니면 들어오는 대로 계속 받을 것이냐, 하는 부분이다.

인스타그램을 보다 보면 정원을 마감한다는 학원들이 많이 보인다. 잘되는 학원이 이렇게 많은 건지, 아니면 잘 되는 곳만 인스타그램을 하는 것인지 의문이 들 정도이다. 그 의문은 잠시 뒤로하고, 학원에서 정원을 마감한다는 것이 가지는 의미에 대해 한 번 생각해보자.

'정원 마감'이라는 이야기를 들으면 어떠한 생각이 드는가?

'엄청나게 잘 되는 곳인가 보다, 엄청 인기 있는 곳 인가보다, 내가 모르는 무언가가 있는 곳인가 보다', 하면서 관심과 호감도가 확 올라갈 것이다. 파리가 날리는 음식점보다, 손님이 바글바글하는 식당에 더 들어가고 싶은 것이 사람 심리이다. 음식점에 들어가기 전에 현재 그곳을 이용하고 있는 다른 손님들을 통해 맛을 검증받고 싶은 심리 때문이다. 이 때문에 장사와 마케팅에 일가견이 있는 음식점에서는 오는 손님을 유리창의 가까운 곳부터, 그러니까 바깥쪽부터 착석시킨다. 외부에서 손님들이 보았을 때, '어, 저기 손님 많네? 맛있나 보다. 나도 한 번 가볼까?' 하는 생각을 끌어낼 수 있기 때문이다. 나아가 번호표까지 받으면서 밖에서 긴 줄을 서서 기다리는 집이라면 이미 검증 끝. 맛집이라는 확신을 그것만큼 강하게 주지는 못한다.

이처럼 음식점이든 학원이든 손님이 많다는 것은 영업과 홍보에 확연한 도움이 된다. 학원 영업도 마찬가지이다. 교육이라는 서비스를 판매하는 교육영업이기 때문에, '이 동네 교육 맛집'으로 인식되면 1인학원의 홍보와 마케팅은 끝난 것이다. 따라서 어떤 곳에서는 T.O가 있음에도 "이번 달 클래스는 마감되었습니다" 하고 의도적으로 잠시 마감을 알리고, 대기 번호를 받게 하기도 한다. 들어오고 싶을 때 아무 때나 갈 수 있는 곳이라는 인식보다는 '학원에서 받아줄 때 갈 수 있는 곳'이라는 인식될 때 학부모들이 더욱 조바심을 낼 것이기 때문이다.

들어가고 싶어 안달이 난 학부모를 만들었다면, 그때부터는 늘 교육 상담과 영업에서 이기는 싸움을 하게 된다. 즉, 경쟁을 형성했고 내가 빨리 결정을 안 하면, 다음 사람에게 순서가 돌아갈 것이라는 심리가 작용하는 것이다. 그러면 묻지도 따지지도 않고, 대기표부터 받고, '순서 되면 꼭 좀 연락 주세요'라는 애절한 문자도 남기게 된다.

이러한 마감 마케팅의 효과 때문에 마케팅에 센스가 있는 학원에서는 이를 십분 활용한다. 인스타그램을 보면, 그 많은 학원들이 다 '정원 마감' '정원 마감' '대기해주세요'를 피드에 거는 것을 볼 수가 있다. 그런데 자세히 보니 정원 마감을 하는 곳이라고 해서 수십 명씩 관리하는 곳은 아닌 것을 알 수 있었다. 소규모로 그룹 수업을 하거나, 혹은 남은 자리가 있음에도 수업 퀄리티 유지를 위해 마감을 하는 경우도 많이 보았다.

학원의 정원 마감은 크게 네 가지 유형으로 나눠볼 수 있다.
첫 번째는 학원이 잘 되는 것은 사실이나, 원장의 관리력의 한계로 인해 일찍 마감하는 유형, 두 번째는 그룹 수업이어서 시간당 인원수의 한계가 있으므로 받고 싶어도 못 받는 학원, 세 번째는 실제로 학생을 더 받을 수 있음에도 마케팅의 목적으로 대기하게 하는 학원, 마지막으로 정말로 너무나 잘 돼서 뛰어난 관리력에도 불구하고 더 이상 원장 혼자서 학생 관리를 할 수 없는 유형이다.

사실, 진정한 정원 마감은 마지막 유형이라고 할 수 있다. 40명을 데리고 정원 마감을 하는 곳과 60명, 70명을 데리고 정원 마감을 하는 곳은 매출에 있어 엄청난 차이가 있기 때문이다. 1인학원에서는 강사 채용이 불법이기 때문에, 혼자서 수업을 해야 한다. 보조 요원 1명은 둘 수 있지만, 그들에게 교습을 맡길 수는 없다. 따라서 수업은 어디까지나 원장 혼자서 해야 한다. 들어온 친구들이 이사를 하거나, 재원생이 졸업하기 전까지는 자리가 나지 않는 학원. 기존 생들이 유지만 되어도 순 수입 연봉 1억을 찍는 1인학원. 결원이 생겨도 대기 인원이 줄줄이 있어 바로바로 충원할 수 있는 학원. 강사 월급도 나가지 않고, 매출도 혼자 일으키지만, 수입도 온전히 내 것이 되는 학원. 그런 사업이 바로 1인학원이다.

이 정도까지 학원을 성장시킨 곳들은, 보습 학원으로의 확장 이전을 고민하게 될 것이다. 강사 채용과 관리, 그리고 셔틀버스 운행 관리 등을 감내하며 사업을 키울 것인지, 그렇지 않으면 작지만, 알짜배기 1인학원을 고수할지, 그것은 행복한 고민이리라.

이 책을 읽은 독자들 모두, 향후 3년 이내에 확장 이전의 기로에서 있게 되기를 희망한다. 그 여정에 있어, 이 책이 많은 도움을 줄 수 있기를 기원하며 이 책을 마친다.

뜻이 있는 곳에 길이 있다

    누구나 할 수 있는 1인 학원 창업. 하지만 누구나 쉽게 성공하는 것은 아닐 것이다. 넘치는 공부방, 교습소들 사이에서 경쟁력 있게 살아남으려면 창업 운영의 매 단계마다 세심하게 생각하고 치밀하게 관리해야 한다. 그래야 실패하지 않는다. 나도 교습소를 창업하고 정착시키기까지 꽃길만 걸어온 것은 아니다. 다만, 지나온 길을 되돌아보니, 이곳으로 가면 꽃길이구나, 이곳으로 가면 가시밭길이구나 하는 것을 구분할 수 있는 지혜가 생겼을 뿐.

    나는 이 책을 읽는 독자들이 창업을 해나가는 과정에서 꽃길만 걷길 바란다. 가시밭길을 걸어보고서야 그곳이 가시밭길인 줄 알게 되는 경험적 지혜는 나 하나로 족하다. 이러한 마음으로, 나는 유튜브를 시작했다. 한 번도 해보지 않은 사업에 도전하는 두려움, 좌충우돌 부딪히면서 깨달은 점들을 공유하고, 매일 밤 졸음과 싸워가며 영상 편집에 몰두했다. 그런 날들이 하나둘 쌓여 어느새, 200개의 영상이 만들어졌다. 초보 유튜버로서 두서없이 전하던 영상들을 정리하여, 보다 전달이 잘되도록 책으로 정리하고 싶었다.

나의 교육 경험과 암묵지들을 모아, 3년 전의 나와 같은 꿈을 가진 누군가에게 '툭' 하고 건네주고 싶었다. 1인 학원 성공 창업의 로드맵, 그 길을 먼저 걸어본 평범한 한 여자의 생생한 창업 리뷰를 남기고 싶었다. 이 책 한 권에는 나의 10여 년의 생각과 경험들이 녹아있다. 하지만 책을 읽는 독자들은 읽는 속도에 따라 짧게는 두세 시간, 길게는 일주일 안에 나의 10여 년의 세월을 살 수 있을 것이다.

꿈을 품었으면서 미뤄왔던 몇 년의 시간들, 꿈을 이루기 위해 어디 가서 무엇부터 하면 좋을지 몰라 방황하던 시간들, 원하는 정보를 얻기 위해 이 책 저 책, 도서관을 드나들었던 시간들, 밤마다 유튜브를 찾아보면서 공부방 사업에 대해 이모저모 알아보던 시간들, 그 모든 소모적인 시간들을 나의 독자들이 이 책 한 권으로 몇 배 단축할 수 있기를 바란다.

처음으로 책을 쓰면서 책 한 권을 세상에 나오게 한다는 것이 얼마나 힘든 일인지 느낀다. 에필로그를 쓰면서 돌아보니, 감사한 사람들이 떠올라 한 분 한 분 인사를 전하고 싶다.

먼저, 이 세상에 나를 있게 해주신 친정 부모님, 김연형, 김은미, 책을 쓰면서 힘들어서 포기하고 싶었던 순간마다 사랑으로 독려해준 나의 남편 조윤수, 날마다 내 유튜브를 시청해 주시며 응원 해주신 아버님 조철, 책 쓰고 일할 때 아이들을 돌보아주신 어머님 유복

희, 그리고 나약했던 나를 강인한 엄마로 다시 태어나게 해 준, 사랑하는 세 딸 조서현, 조다경, 조주은에게 고마움을 전한다.

또, 늘 가까이에서 응원해 주고 있는 나의 세 자매 김지혜, 김지은, 김민주와 형부들, 또 이 책이 완성되기를 기다려주신 유튜브 구독자분들께도 감사 인사를 전하고 싶다. 특별히, 내게 교육사업을 해보도록 권하고 용기를 준, 노화정 원장님에게 이 책을 선물한다.

마지막으로, 내가 가장 좋아하는 인생 모토를 끝으로 글을 마친다.

"Where there is a will, there is a way."

뜻이 있는 곳에, 길이 있다.
우리 꼭, 성공해서 만나요!